CAPITAL

史玉柱的资本

拥有资本是成功的前提
运作资本是成功的关键

• • •

李志朝◎著

SHI YUZHU'S CAPITAL

Capital is the fundamental to the success of a personal life

成功不是偶然也不是理所当然，离开资本一切都是空谈。
资本不仅仅局限于金钱。资本是各种能力及智慧的积累。

台海出版社

图书在版编目（CIP）数据

史玉柱的资本／李志朝著.—北京：台海出版社，
2016.12

ISBN 978 - 7 - 5168 - 1220 - 4

Ⅰ.①史… Ⅱ.①李… Ⅲ.①纪实文学 - 中国 - 当代
Ⅳ.①I25

中国版本图书馆 CIP 数据核字（2016）第 296176 号

史玉柱的资本

著　　者：李志朝

责任编辑：王　萍　　　　　装帧设计：天下书装
版式设计：天下书装　　　　责任印制：蔡　旭

出版发行：台海出版社

地　　址：北京市东城区景山东街 20 号　　邮政编码：100009

电　　话：010 - 64041652（发行，邮购）

传　　真：010 - 84045799（总编室）

网　　址：www.taimeng.org.cn/thcbs/default.htm

E - mail：thcbs@126.com

经　　销：全国各地新华书店

印　　刷：北京彩虹伟业印刷有限公司

本书如有破损、缺页、装订错误，请与本社联系调换

开　　本：880×1230　　　　1/32

字　　数：200 千字　　　　印　　张：10

版　　次：2017 年 5 月第 1 版　　印　　次：2017 年 5 月第 1 次印刷

书　　号：ISBN 978 - 7 - 5168 - 1220 - 4

定　　价：58.00 元

1992 年，史玉柱成立珠海巨人集团。

1994 年，史玉柱投资保健品，销售"脑黄金"。

1995 年，史玉柱被《福布斯》列为内地富豪第 8 位。

1997 年，巨人大厦未按时完工，史玉柱负债上亿。

2007 年，史玉柱的巨人网络于美国上市。

2013 年，史玉柱辞去 CEO 一职，发微博："江湖好汉们，忘掉史玉柱这厮吧。"

2016 年，史玉柱重回巨人管理层。

......

史玉柱，这个名字在中国商界可以说充满了传奇和争议，他的人生大起大落，饱尝起伏变幻。早年，史玉柱凭借巨人汉卡和脑黄金迅速飞腾，然后因巨人大厦而迅速坠落。经过几年的蛰伏之后，史玉柱依靠"脑白金"和"征途"重新崛起，其商业魅力值得深究。

关于史玉柱的众多书籍中，史玉柱总是以两种形象出现：要么是冒进、莽撞，惨遭失败，从他身上吸取教训；要么是睿智、全能，能东山再起的商业英雄……事实上，史玉柱本人具有多面性。作为个人，他性格开朗随和；作为企业家，他有睿智的判断力，也有一些缺点存在。史玉柱时而比马云更张狂，时而比李嘉诚更稳健，时而低调，时而因心直口快惹一些麻烦。

做巨人汉卡，史玉柱不是第一个；做保健品，史玉柱也不是第一个；做网游，史玉柱更是后来者，但是史玉柱能在众多竞争对手中杀出重围，一定有他独特的商业资本。史玉柱所创造的商业成绩不用赘述，他的商业手段大致分为几点：营销、满足消费者心理、过硬的产品质量等。

史玉柱可以说是中国商界最顶尖的营销天才之一，史玉柱曾将自己的这些营销心得总结归类为八点：1. 最好的策划导师就是消费者。2. 消费者访谈要确保真实记录。3. 研究用户的王道：试错。4. 做产品要集中优势兵力。5. 好产品是改出来的。6. 产品要有一个好名字。7. 满足消费者的需求和欲望。8. 一把手要抓细节。史玉柱为了做好营销，他会做充分的市场调研，他甚至每天早上在公园守着晨练的老头老太太，询问他们对于保健品的看法，他会每天玩 15 小时游戏，不断地跟玩家们聊天，了解玩家的需求。正是这种不厌其烦的市场调研，让史玉柱充分地摸透了消费者的全部心理，对症下药，做出了最有效的广告。

提起广告，就不得不说脑白金经典的广告词："今年过节不收礼，收礼只收脑白金。"这个广告可以排进中国十大广告营销案例，很多人特别厌烦这个广告，但不得不说，简单的广告语却产生了巨大的影响力，正如史玉柱所说，广告不在于好听，能让人记得住才行。尽管这个广告让很多人心烦意乱，但是脑白金年年畅销。

有句话甚至说："在中国要学广告策划，就学史玉柱。"这充分认可了史玉柱的广告营销能力，除了脑白金广告，在做网游期间，史玉柱也把广告营销做到了极致。他剑走偏锋，从农村市场开始推广，在农村墙上刷简单粗暴的广告标语，甚至提出了玩游戏送化肥的噱头，一时之间吸引了无数的目光。

新华社曾评价史玉柱说："失败有两种，一种是事业失败，另一种是精神失败。很多企业在事业失败后，精神上也失败了。但巨人在事业上失败后，精神不败，所以可以站起来。"能在负债上亿的情况下东山再起，同时又能把财富做到500亿的身家，唯有史玉柱。史玉柱年轻气盛时有一番干大事的好胜心，如今已归为平静，更多的在强调社会责任，做慈善事业。

史玉柱对于自己的失败有过诸多反思，这是我们能从他身上学到最直观、最宝贵的经验。史玉柱直言当年的成功让其膨胀，他说人在成功的时候认不清自己，狠狠地摔一跤就好了。史玉柱犯了盲目多元化的错误，资金链断裂形成蝴蝶效应，使得现在的史玉柱变得小心谨慎，只做三个行业，在投资前必须要经过深思熟虑，曾经的"史大胆"变了。

史玉柱的优点在于他失败后善于总结，他敢于自我批评认错，他把自己的失败过程做深刻细致分析，那次致命的失败成为了史玉柱如今500亿身家的重要组成。史玉柱在负债上亿的形势下，说出"欠百姓的钱我一定还"，这是他负责任的表现，这是值得尊敬的。

本书全方位解析史玉柱的商业成功案例，分为十一个单元，详细分析史玉柱的商业思维，包括创新、营销、团队、质量等方面，史玉柱的传奇经历和睿智的商业思维，是每个创业者必须要了解的宝贵资源。

目录 / Contents

SHI YUZHU'S CAPITAL
Capital is the fundamental to the success of a personal life

第三章

谈胆子：由冒失到谨慎的蜕变

第四章

谈勤奋：我的成功没有偶然因素

第七章

谈营销：成功源于对消费者心理的准确把握

第八章

谈广告：做广告就是要让观众记得住

第九章

谈赚钱：企业不赢利就是最大的不道德

第十章

谈团队：如何赢得下属死心塌地的跟随

第十一章

谈用人：让住别墅开宝马的员工有干劲

第一章

谈战略：聚焦、聚焦、再聚焦

· · ·

Capita l

1. 一个人，一个时间点只能干一件事

"公司规模起来了之后我就开始不认识自己了，觉得我还是挺厉害的。"

史玉柱从不避讳自己过去的失败，他乐于向别人谈起自己失败的经验，他希望通过自己的故事让别人少走一点弯路。在这次讲述中，史玉柱谈到自己在巨人集团蓬勃发展时的状态，他表示巨人集团的壮大让他自我膨胀，"因为外在有很多光芒，这时候就开始犯错误，就开始做很多生意，差不多一年的时间，一下就做了十几个行业"。

史玉柱说："当时我去美国发现一种特别好的口红，这种口红喝茶的时候不会印到茶杯上，我把它引进到中国来。在传销还不算违法行为时，建立了传销部，建好之后传销就变成违法的了。自我膨胀、自我陶醉的结果就是巨人要倒闭了，只是时间问题。但是当时我的团队包括我自己都没有意识到。我们把所有的产业归拢到一起，取了一个名字叫百亿计划。把所有的产品集中在一起去打广告。那时的自我膨胀让我不去抓细节，不在乎广告是否能告诉消费者这个产品对他有什么帮助，能给他带来什么，仅打知名度。后来在打形象广告时出问题了，被国家工商局叫停了。"

史玉柱说："这段时间最大的教训就是一个人的精力和

能力是有限的，在同一个时间节点上最好只做一件事。同样你的副手也是。"无论是人还是企业，精力总是有限的，你可选择把有限的精力分散做不同的事，也可以选择把精力集中于一处，后者往往能让你取得更大的成就。

纽约中央车站问询处的人员可能是全世界最忙的问询人员，他每天都要面对无数人来人往的旅客，旅客来询问，他必须立即给出答案。但是他在十几年间保持着非常低的投诉率，每一位客人都为他感到满意，无论多么着急、多么复杂的问题都能够得到满意的解答。上司问他："你是如何保持冷静的呢？"他回答说："我并没有和公众打交道，我只是单纯处理一位旅客。忙完一位，才换下一位，在一整天之中，我一次只服务一位旅客。"

有位哲人说，一生只做一件事。浮躁的社会里，越来越多的人希望能够第一时间把所有事情都处理好，于是你会看到：边吃早餐边走在上班的路上，边吃午饭边工作，边听音乐边加班……正所谓一心不可二用，当你越急于同时做几件事情时，你就会越忙乱，而且事情会变得越来越多，根本不会让你停歇。到最后，每件事都做得不精致，甚至一事无成。

在科技界，"苹果"被许多人视作一家封闭性的公司。他们曾一度质疑一个只专注于音乐播放器和创意手机的公司，怎么能够在科技迅速发展、更新速度日新月异的今天立足呢？苹果公司成立的十年间，仅做了五个型号的音乐播放器和两款手机。大家熟悉的 iPod 引领了消费电子的潮流，十年来却只出过几款产品，保持着每年一款手机的节奏。

总体来说，苹果公司的产品类型相对来说是比较单一的，但是，无论是哪款产品的上市，都被人们当作艺术品来追捧。乔布斯创办的苹果公司做产品有一个很明确的思路那就是——专注。从产品的研发到市场的推广，在一段时间里苹果公司都会专注在一款产品上，甚至一款电子产品常常是只有一个型号和一个颜色。

只有专心做一件事的人，才能有一个明确的目标，并集中精力、专心致志地朝这个目标努力。比如，伍尔沃斯的目标是要在全国各地设立一连串的"廉价连锁商店"，于是他把全部精力花在这件工作上，最后终于完成了此项目标，而这项目标也使他获得了巨大成就。

很多人一事无成是因为他们总是有太多的目标而不知道追求哪个，而感到了生活的无味。目标太多会使思维混乱，今天定一个目标，明天定一个目标，注定会迷失前进的方向。

在非洲的拉马河畔，一只非洲豹扑向一群正在觅食的羚羊，它的目标是一只未成年的羚羊。尽管旁边还有很多惊慌失措的羚羊，但非洲豹只对自己的猎物穷追不舍，直到羚羊倒在血泊里。猎豹为何不在中途改变目标，去追赶其他羚羊呢？因为如果在这只羚羊被它追得很累的时候，它再去追赶其他羚羊，只能把自己拖得疲惫不堪，结果一无所获。

好的猎人眼里只有一个目标，如果三心二意，一会儿瞄准野兔，一会儿换成野猪，又一会儿换成空中的大雁，注定什么也打不到。无论做什么，非专注无以作为，对于企业如何发展，马云说："不需要多元化的经营，永远做好一个再做第二个。"

2. 盲目多元化的结局只能是失败

谈起当年巨人集团的失败，史玉柱很坦诚，他总结出了失败的教训，那就是盲目多元化经营的结局只能是失败。史玉柱认为当时盲目的多元化违背了经济规律，由于巨人的壮大蒙蔽了自己的眼睛，盲目扩张导致了资金链断裂。

史玉柱说："巨人汉卡确实做得不错，做得很好，销售额很大，利润也很可观，在同行业里面已经算是佼佼者了。但是很快我们就以为我们自己做什么都行，所以我们就去盖了房子，搞了药，又搞了保健品，保健品脑黄金还是成功的，但是脑黄金一成功，我们一下子搞了 12 个保健品。"

1992 年，转移阵地的"珠海巨人新技术公司"迅速升格为"珠海巨人高科技集团公司"，注册资金 119 亿元，下设 8 个分公司，拥有 M6505 汉卡、中文笔记本电脑、手写电脑等多个拳头产品。

到 1993 年，史玉柱的巨人集团越做越大，下属全资子公司已经由最初的 8 个发展到 38 个，志得意满的史玉柱并未意识到自己距离失败仅有一步之遥。

大部分企业家认为多元化发展能够有效地分散单一投资可能引起的资金风险，不能把鸡蛋都放在一个篮子里，只搞单一业务，这样很容易受到市场变化的威胁。但是多元化投资中，不同的产品的生命周期各不相同，风险大大减小。这种想法有一定道理，但是不可过度迷信，多元化投资有其边界和条件，一定要在企业主营业务地位稳固时，同时有剩余资源寻求更大投资收益时才可以考虑。

遗憾的是大部分企业家并没有意识到这个先决条件。《孙子兵法》里说："十则围之，五则攻之，倍则分之。"这跟做企业有异曲同工之妙，也就是说当你实力特别超群的时候可以多元化经营，但是在企业规模不大的时候，就不要分散"兵力"，而是要集中兵力主攻一处。

惨痛的失败让史玉柱对此感触很深，东山再起的史玉柱，重新创业只做了两件事：保健品和网游，而且是分先后顺序做的。他告诫企业家们："我看得太多了，只要违背这个规律的，今天见了这个他想做这个，明天他又想做另外一个，后天一问，他总共在做三个。再过一年问他，他啥都做不成了，因为他已经破产了。但是如果他坚定不移地聚焦到一点上面，做一个产品，把这个产品做到极致，所有的团队、人力、财力、物力，全部押到这个上面，这种成功的概率要大很多。"

曾经，日本的山叶公司就是全世界乐器的代名词，山叶公司在其钢琴的生产销售方面在全世界都享有盛誉，其早期发展路线一直是经营自己最擅长的乐器，如吉他、喇叭、小提琴等，因为山叶公司拥有全世界最顶尖的这几类乐器的加工手艺。但随着企业的不断发展壮大，山叶公司开始不满足于做乐器，于是就大规模借贷，开始涉及其他领域，如网球拍、电视机、录像机、音响设备，甚至摩托车以及滑雪车。

由于太过于偏离山叶公司的经营能力，也不懂得这些产品如何销售、管理，经验技术根本就跟不上，使山叶公司的利润急剧下滑，山叶公司陷入了财政危机。所幸山叶公司的管理者意识到了这一点，把杂乱的业务统统砍掉，依然专注于乐器这块核心业务，带领山叶公司走出困境，起死回生。

李嘉诚讲过："我的多元化经营，有一个到两个永远赚钱，才开始进第三个。"多元化经营是企业规模发展壮大后的必然之路，但是在这之前，如果要选择多元化经营一定要谨慎小心，不能盲从，否则将会像史玉柱的巨人大厦一样，遭遇坍塌的命运。

3. 不做企业不该做的事

史玉柱的巨人大厦是本不应存在的大楼，原来只想盖一座气派的办公大楼，以当年巨人的实力是绰绰有余的，却偏偏要去争什么"第一高楼"，结果导致投入资金越来越大，并且巨人本以电脑起家，却要经营地产、服装、保健品等十几种行业，实属做了太多不该做的事。正如史玉柱所说："假若'巨人'当时不去盖楼的话，光靠脑黄金、巨人汉卡、笔记本电脑等，它也死不了，也不会一下子陷入这么大的困境。"

史玉柱后来自述："一个企业真正步入困境很少是因为管理不善、企业操作的问题，给企业造成损失最大的问题是企业做了不该做的事，不该投资去投资。国外企业投资都是经过大量论证，而且只占总投资的百分之几，不然就会给企业造成周转不灵的状态。如果员工或干部一半心术不正在吃回扣等，实际上总量很有限，一年内耗加起来几百万，了不起上千万，但如果一个错误的投资下去，比几个亿浪费还大。"

人最重要的是方向选择，企业也是如此。从某种程度上来说企业的成与败就在于往什么方向走。优秀的企业家与普通员工的重要区别在于：他们懂得什么是企业该做的，什么是企业不该做的，这世界上赚钱的道路千千万，当一个企业有钱有能力了，还要更进一步，怎么走这一步是至关重要的。

20世纪80年代，中国内地出现了一个非常强势的洗衣粉品牌，叫"活力28"，刚一上市就几乎横扫市场，他们第一个提出了无泡沫洗衣概念，成为第一个在央视投放广告的洗衣粉品牌，第一个把广告牌竖立在香港……在这种背景下，"活力28"开始扩张了，他们开始涉足肥皂、洗洁精、洗衣膏等产品，甚至杀虫剂、纯净水等都有所涉猎。客观地说，开发新产品并无不妥之处，企业总是要向前发展的，但是在根本没有做好市场调研的情况下，就盲目地涉猎自己不熟悉的领域，"活力28"的新产品根本卖不出去，成为了企业的沉重负担，最终在外乡遭遇水土不服，回到内地市场后，只剩下一个空壳。

常言道，术业有专攻。一个企业实力再雄厚也终究是能力有限，尤其是跨领域项目更是不占据任何优势。在这种情况下，企业若想扩张必须要做好万全的准备。1993年，美国最大的女装制造商克莱博恩公司开始利润缩小，股价下跌，要知道克莱博恩公司年营业额曾高达27亿美元。原因很简单，该公司从原先针对职业妇女的合乎时尚的衣着，一下子扩充到大尺码服饰、小尺码服饰、配饰、化妆品、男士服装等。这样，克莱博恩也面临了过度多元化经营的问题。该公司的经理人开始无法掌握核心产品，而大量不符合市场需求的产品，促使不少客户移情别恋，公司财务出现严重亏损。

迈克尔·波特在《什么是战略》中提出企业最重要的是要学会舍弃，不能满把抓，放弃也是一种勇敢、一种王气。现在的互联网金融、O2O生活服务非常火爆，但是——风口之上，不是所有的猪都会被吹起，企业做自己不擅长、不喜欢的事情，其实是对团队和投资者不负责。

阿迪达斯是生产运动鞋的大型跨国企业，杰西·欧文穿着阿迪达斯跑鞋夺取第十一届奥运会百米金牌，阿迪达斯自此声名鹊起，在世界各地大批建立分公司，并涉足许多新的领域，全球市场覆盖率很快达 80% 以上。美国的鲍尔曼利用阿迪达斯一再扩张市场的机遇，潜心研究其生产经营特色，并抓住全球跑步健身热兴起的时机，全盘效仿阿迪达斯的生产和经营方式，依靠产品的新颖和质量，很快在体育界打响了牌号。

而阿迪达斯公司由于摊子大、战线长，产品不能适应各层次消费的弱点越来越明显，此时其管理、经验跟不上，且人的素质也跟不上迅速膨胀的需要，使企业陷入了债务缠身、举步艰难的困境，从而被挤下了盟主的宝座。

一个企业应当做到有所取舍，没有取舍将使企业在道路中迷失方向，会因为多元化经营而走上弯路。这里也并不是否定多元化经营，有很多企业能够把多元化经营做得出色，是因为他们对自己有充足的判断，有良好的准备，一步步试水才把多元化经营做起来。当面对不该做的项目时企业家应该有说"不"的勇气。

4. 创业，最好主攻一个方向

史玉柱谈到创业方向时指出："我觉得能少干一件就少干一件，不但不要多元化，而且创业的时候最好主攻一个方向，要做就做一个产品。你要做这个产品还不能说平均用力，一定要把你的核心竞争力那一点用足。你想干的事越多，你失败得越快。"

史玉柱继续分析道："我看得太多了，只要违背这个规律的，今天见了这个想做这个，明天又想做另外一个，后天一问，他总共在做三个。再过一年问他，啥都做不成了，因为他已经破产了。但是如果他坚定不移地就是聚焦到一点上面，做一个产品，把这个产品做到极致，所有的团队、人力、财力、物力，全部押到这个上面，这种成功的概率比其他的要大很多。"

的确，曾经的巨人就是史玉柱口中的类型，在主体业务还未站稳之时便开始了新的业务，而且是跨行业的，所以失败是在所难免的。在受到教训后的史玉柱，靠着脑白金卷土重来，很长时间后才走上网游的道路，并且也只专做网游，并不像其他网游企业开始做新闻、门户、聊天软件等，史玉柱的"专"成就了他。

人要专注，企业也要专注，囫囵吞枣会在商业竞争中落败。同理，再伟大的企业都可能犯错误。大企业实力雄厚可能经得起几次失败，而对于初创的小公司却容不得失败，失败就很可能没有东山再起的机会。

如今大名鼎鼎的京东商城最初是做的连锁店，刘强东甚至把店开到了沈阳，结果遭到了"非典"入侵，生意不景气下刘强东接触了互联网。在没有开设网上商城、只有一个简单 BBS 论坛、没打过任何广告的情况下，京东来自网上的订单在持续不断地增加，2003 年 6 月到 2003 年年底，网上订单一共超过了 1000 单，最多一天有 35 个订单，甚至比一个线下连锁店都要多，就这样，京东商城诞生了。然而与此同时，京东的收入绝大部分依然来自线下连锁店，刘强东便开始思考是继续做连锁店顺带网上销售，还是干脆办一个网络商城。刘强东并没有思考多久，他知道创业只能选择一条，他决定冒险一次，逐步关掉连锁店，正式把京东商城带起来，这才成就了如今的京东商城。

2016 年刘强东在接受采访时深情地说了一句："我一生只做一件事，那就是京东。"刘强东舍弃了赚钱的连锁店业务，只做网上商城；马云拒绝了无数投资，坚持只做电子商务；柳传志更是只做电脑，一直把联想做到世界第一。

新东方掌门人俞敏洪也有类似的看法，他说："对我来说教育是我一辈子的事情，新东方是我一辈子的事情，我有过机会去炒房地产，倒卖钢产，我都没去做。我觉得人生一辈子只能做成一件事情，不要想那么多。"新东方年收入 50 亿人民币，完全可以炒房地产或者做投资，新东方也曾经进入早教和幼儿领域，但是在这两个领域遭到了失败，俞敏洪这才意识到年轻人的成长教育是一辈子都值得做的事。俞敏洪说："我们年收入有接近 50 亿人民币，有的是钱，但不是什么东西都可以做。"

只做一件事，并不是说就不做其他的事了，而是重点咬定一个目标不放松，只有把这个最基本的目标做稳做大，才有拓展其他业务的资本，否则就是对企业的不负责任。企业的精力始终是有限的，资金的分配需要非常合理，"分线"经营如火中取栗，危险程度非常高，所以一般明智的企业家都会在初期只做一个项目。

5. 发挥小团队潜能，让一个班拥有一个军的战斗力

史玉柱讲过一个例子，例子是第二次世界大战的时候，美军打仗的时候一般都是以几万人作为一个师或者一个军来活动，等到了越南战争的时候，美军的作战单位就变成了几百人的营了，总参谋部会直接把命令下到一个营去完成。等到伊拉克战争的时候，美军作战单位已经变成了一个班，而一个班真正的战斗人员不到一半，剩下的都是拿着对讲机、拿着手提电脑去完成指令。史玉柱认为未来企业的模式也会如此转变。

史玉柱说："在我看来，未来公司就是一个平台，公司组成一个大平台，然后让很多小的 team 在上面跑，谁跑赢谁就成功了。他们的关系是什么？中国改革开放三十多年为什么会发展，就是做了重大的变革。除了大型国有企业，政府不再管具体经济组织，只搭一个平台，由工商局、税务局、科委等搭建平台，搭完这些平台之后由社会上这些人自己去

组成公司，干自己想干的事情。未来的公司架构很可能就是这样一个强大、自由的平台，最后看你赚多少钱，而这个团队的人是越少越好。"

很多企业在发展壮大之后都会患上"大企业病"，"大企业病"指的是企业机构臃肿、多重领导、人才流失严重的情况，本来一个人能够处理的事务却安排一个小组，一个小组能处理的事务安排大队人马。一般都会有许许多多的中层领导、高层领导、负责人，遇到利益有一堆人竞争，到了关键时刻互相推诿责任，使下属不知所以，严重影响企业发展。

这就是史玉柱提出建立小团队，让一个班拥有一个军的战斗力的原因。人多就会效率低下，这是不争的事实，而小团队人数少，沟通效率高、执行力也高，往往会省略掉诸多中间步骤而直接完成任务。

阿里巴巴马云提出来一个"小而美"的观念，与史玉柱的概念类似，也是提出对企业结构进行简化，减少多余的行政单位。在国际上，早已经流行"扁平化管理"的模式，在1981年，韦尔奇就任通用公司首席执行官时，通用电气公司从董事长到现场管理员之间的管理层数目多达24层。韦尔奇上任后，顶住压力，通过采取"无边界行动""零管理层"等管理措施，使公司管理层级数锐减至五六层，彻底瓦解了自20世纪60年代就深植于组织内部的官僚系统，不但节省了大笔开支，更极大地提高了管理效率。

扁平化管理包括三个方面的内容：信息的扁平化、组织机构的扁平化和业务流程的扁平化。扁平化管理的核心是授权与分权，让一项工作不是从最上级逐层往下，而是在最直接的位置产生并处理，具体就是企业在组织结构上二级分行所在地，二级分行与网点之间不再设办事处这一中间管理层次，大幅度缩短领导者与下属之间的距离，让下属充分发挥自己的权利，完成工作。

携程网 CEO 梁建章曾中断管理工作，去美国留学，回国后对携程进行了大刀阔斧的改革，他改革的重点就是打破了金字塔式组织结构，改为其带来的矩阵式管理。他将携程划分为无线、酒店、旅游和机票等几大事业部，不但充分授权，还配置资源，然后以目标责任制来考核。

矩阵式管理适合稳定的市场，事业部制能够快速决策，并激发团队主观能动性。梁建章表示："他们就像一个小公司，独立拥有技术、行政等职能单位，很多事情自己就能拍板。自己就会多用时间去想，怎么占领新增市场。"

史玉柱细致地讲过如何为扁平化的组织结构分配工作："我认为只把最重要的部分给配了，如果需要十五个人最多配七个人就够了，甚至还可以更少。但是要求每一个人必须是非常能干的，他的个人素质、个人品质又可以胜任。所以说选中这样人的时候，给他两倍的薪水，让他去做三个人的事，其实大家都开心。对公司来说，人少了战斗效率高了，对公司的贡献多了。"

对组织结构进行扁平化改造并不是儿戏，不是简单裁员就能实现的。扁平化改造实际上是重视减少中间层次的存在，把指挥链的距离大大缩减，为的是让信息与命令的传达更加迅速、准确。其次，由于人数变少，势必涉及分权问题，分配好每个人的权利与责任，可以使组织扁平化更加彻底。在"小而轻"的组织潮流下，组织扁平化是必然的趋势，能够有效地解决组织臃肿的问题。一个好的企业组织下面是多个小团队，他们相互独立又相互协作，这样才能像史玉柱说的那样发挥出军队的战斗力。

6. 找到自己的细分市场

史玉柱说："不要总想着同竞争对手对立，而是要想办法让自己弥补竞争对手的不足，找到自己的细分市场。"市场细分，简单来说就是找出自己与别人的差异化，明白自己的产品卖什么、怎么卖。如果不懂市场细分，那么可能就会犯在肯德基旁边卖炸鸡、在必胜客旁边卖披萨的毛病，会在同类产品竞争下惨败而归。

在国内细分市场比较出名的便是宝洁公司。不熟悉的人可能会有疑问："宝洁公司？我怎么没见过？"其实我们天天都会见到宝洁公司的产品，它的洗衣粉就有 11 个品牌，中国妇孺皆知的有强力去污的"碧浪"，价格较高；去污亦强但价格适中的"汰渍"；突出物廉价美的"熊猫"。洗发水则有 6 个品牌，有品位代表的"沙宣"；潮流一族的"海飞丝"；优雅的"潘婷"；新一代的"飘柔"。此外，它还有 8 个品牌的香皂，4 个品牌的洗涤液，4 个品牌的牙膏，3 个品牌的清洁剂，3 个品牌的卫生纸等。

这就是细分市场，对于一般商品来讲，差异总是存在的，只是大小强弱不同而已。而差异化营销所追求的"差异"是产品的"不完全替代性"。史玉柱的脑白金就是最典型的差异化细分市场，定义的销售群就是中老年群体，并配以广告词"今年过节不收礼，收礼只收脑白金"，走的就是年轻人回家看老人买点脑白金做礼品的路线。

一些家庭性细分市场定位以婴童用品比较典型，虽然直接消费者为婴童，但与婴童拥有直接关系的家庭成员却是购买主要决策者和执行者。情感性细分市场定位是指以感情为纽带形成的细分市场定位，比如娱乐场所，包括影院、剧院、游乐场所等表现男女之间情感的产品，这其中包括亲情、友情、爱情等。

另有一种纯粹性细分市场，也就是说开创一个现有市场没有的类别，通过极强的差异化为消费者提供商品，这样的细分市场过程中，要求运用多变量精细化进行市场分析，精准定位目标市场，切不可盲目。小米手机的"为发烧而生"就能够清楚地说明其细分市场定位。小米手机以高配低价的价格横空而出，最终占领了非常多的市场份额。

这是一种微创新细分市场的途径，因为手机这种商品早就有了，但是在小米初生之时，还没有人把那么高配置的手机卖到1999元这么低的价格，并通过互联网贩卖手机，这就是一种微创新细分市场策略，非常管用。

王老吉凉茶几乎是一夜之间火遍全国，其营销手段堪称商界典范，我们来看一下王老吉是如何做营销的。凉茶这种东西一直仅在炎热的广东、广西流行，2002年的时候王老吉凉茶只有1亿元的销售规模，他们急需打开全国市场。

他们做的最重要的营销举措就是细分市场，当时流行的饮料有红牛——功能型饮料；星巴克——高档咖啡店；可口可乐等——碳酸饮料，王老吉的做法是开辟出"预防上火的饮料"，也就是清热饮料，切入点是清凉好喝，最重要的是预防上火。所以也就有了广告词："怕上火喝王老吉。"

他们在宣传上紧紧抓住"预防上火"的中医理念，谁都怕上火，尤其是聚餐过后，王老吉一下子就抓住了消费者，在这个领域，人们第一反应想到的就是王老吉。在占得了市场之后，王老吉还要这把"火"再烧旺一点，他们联合了广东到香港、澳门等17个凉茶品牌，把凉茶申请成"国家级非物质文化遗产"，凉茶的概念又凸显而出。

价格战是细分市场最基本的套路和原则，在战略选择的时候，价格很重要，同类商品没办法保持差异时，价格战就可以帮你取胜。以淘宝商城的店铺为例，同类商品中，更便宜优惠的店铺的销量会高上许多，同样的东西你卖100元，我卖95元，这就是细分市场。但是要注意价格战打好不容易，并不是降价那么简单，若比降价很容易把自己比得元气大伤，价格战还是要从全方位综合考虑，制定相应的价格政策。

7. 先做强再做大，先学会省钱再学会花钱

史玉柱在33岁那一年，被《福布斯》列为中国大陆富豪排行榜第8位，而这一年离他靠4000元创业起家仅有6年时间。这时的他是一个"著名的成功者"。从"著名的成功者"到"最著名的失败者"，史玉柱也只用了3年时间。少年得志、轻松拥有巨人集团并因推出脑黄金而名噪一时的史玉柱，因脑黄金保健品管理不善，盲目地扩张而导致市场迅速萎缩。

这次著名的失败源于企业发展太顺利，当时的巨人集团仿佛做什么都能成功，史玉柱便什么都做。后来史玉柱进行了深刻反思，甚至把自己的每一步决策都分析透彻，其中很重要的一个反思就是在企业还未站稳时就盲目扩张，最终给自己带来了巨大的失败。

当一个企业刚发展起来的时候，创业者很快就被胜利冲昏了头脑，并开始大规模地冒进，而失去了踏踏实实地做好、做强、做大这个企业的兴趣，等到醒悟过来，却为时已晚。与这些企业希望一上手就迅速做大做强不同，马云认为

企业"生存下来的第一个想法是做好，而不是做大"。

著名跨国公司职业经理人、哈佛大学企业管理博士后、牛津大学国际经济学博士后余世维说："做企业不要急躁，要练好内功。不要先想着做大，要先做强。企业发展的 5 个阶段——小、稳、强、大、久。我们的毛病往往出现在'小'到'大'，但中间的'强'不见了，比较冒进，这还是一个浮躁的问题。"浮躁是很多优秀企业的毛病，财务报表上的利润逐月递增，会导致企业家做出盲目的判断，再加上市场的诱惑，就开始扩张、连锁、成立分公司，然而在欣欣向荣的景象之下，往往隐藏着危机。

史玉柱说："脚踏实地地先做出一家，也是要放弃掉连锁的这种，不要在将来如何做连锁方面做太多的梦，先脚踏实地做出第一家。"史玉柱表示："做全国性市场，一定要先做一个试销市场，要一点点来，快不得；做成了，真到做全国市场时，要快半步，慢不得！"

2014 年年末，著名经济学家郎咸平为学员们讲课，他提到："做大做强似乎是中国企业家的共同口号，但是我很少看到有企业能够通过做大而做强的。"他明确宣称，企业发展到一定规模，要想成功突围，首要任务就是戒除浮躁心理，坚信做强才能做大。

郎咸平随即举例联想，在 2001 年联想销售额达到 200 亿人民币时，柳传志提出要在几年之内进入全球 500 强，前提首先是年销售额必须达到 600 亿人民币。在这种思路驱使下，CEO 杨元庆选择了多元化战略。联想从 2001 年开始投资互联网、手机、IT 三个领域，但结果在这些领域表现不佳，就连在原先占有绝对优势的国内 PC 市场，增长率也落后于戴尔电脑。最后联想只好调转方向走国际化，才成就今天的联想。

郎咸平还提到青岛啤酒的案例，此前青岛啤酒定位高端市场，然而却通过收购当地啤酒品牌打入各省市的低端市场。为了迅速做大，自 1993 年到 2001 年间，青岛啤酒在全国收购了 43 家啤酒厂，其资产收益率却从 1993 年的 12% 跌至 2001 年的 3%。

对于初次创业者而言，学会省钱，恐怕比学会花钱更重要。与史玉柱同时期，同是保健品行业，同样迅速崛起的太阳神，就是因为盲目扩张、胡乱花钱而衰败的。

太阳神公司的战略一直是"以纵向发展为主，以横向发展为辅"，即以保健品发展为主，多元化发展为辅。但从 1993 年开始，太阳神将企业原有的战略改变为"纵向发展与横向发展齐头并进"，一年内上了包括石油、房地产、化妆品、电脑、酒店等在内的 20 个项目，在新疆、云南、广东和山东相继组建了"经济发展总公司"，进行大规模的收购。短短两年时间，太阳神转移到这些项目中的资金高达 34 亿元。然而，这些项目根本就毫无起色，反而拖累了公司的本体发展，导致 34 亿元血本无归。在完成早期积累步入持续发展的时候，其管理者认为什么领域利润高就盲目进入什么领域，最终使太阳神落入了多元化扩张的陷阱。到 1997 年，太阳神全年亏损 159 亿元，最终香港的股价由 1996 年的每股 22 元港币惨跌到 9 分港币。

太多惨痛的教训摆在面前，这是引以为戒的地方，企业先站稳脚跟，才有力气走下一步。这是很多小商小贩都懂的道理，然而一些企业家被出色的业绩冲昏了头脑，殊不知现代企业是牵一发而动全身，盲目地连锁、开展新业务的危害非常大，先脚踏实地做好第一家永远是颠扑不破的道理。

8. 业务越简单越好

史玉柱在自己的书里写企业业务方面的问题，他说："一个企业不是说产品越多越好，不是说产品型号越多越好。其实有一个主打产品，有一个特别大的产品，就够了。产品能少一个就少一个。少的目的是为什么，目的不是为了偷懒，其实就是毛主席说的这个'集中优势兵力'，集中到一点上去，把精力、人力、物力、财力，全聚焦到一点上去。"

1998 年，史玉柱准备东山再起，他看好了保健品这一块业务，于是便东挪西凑了 50 万，做出来一款产品，叫脑白金，随即风靡全国。史玉柱吸取了巨人大厦的教训，在很长一段时间里只做脑白金。在试点城市江阴，史玉柱亲自走村串镇，挨家挨户地去走访，和老太老头拉家常。"今年过节不收礼，收礼只收脑白金"的广告语就来自这些无意的"闲聊"。

脑白金的成功有史玉柱超级营销的功力，但是也跟他集中精力全面做保健品的战略有关。不把业务复杂化就是把有限的人力，财力，物力等集聚在某一方面，然后力求从某一领域、某一专业进行渗透和突破，形成专一优势，用这一个优势去占领市场。问题常常在于，为了扩大利润而增加多条不同的产品线，从企业的发展上来说无可厚非，但是总会为企业带来巨大的风险。

1886年，从第一瓶可口可乐诞生伊始，一直到50年前，"一种包装，一种口味"一直是可口可乐笑傲市场的制胜之道。如今可口可乐公司丰富了产品，但生产的还是饮料。类似的企业还有很多，尽管现在是一个多元化发展的社会，大部分企业都开始丰富自己的产品线，但是其最核心的业务依然不变，在有富足资源的情况下才去拓展业务。如索尼、三星等世界著名的电子公司，都是在核心产品畅销全球后，逐渐站稳脚跟，一步一步地推出新业务的。如今索尼业绩并不好，CEO平井一夫表示可能会砍掉勉强盈利的产品线缩减开支，连索尼手机业务在内都可能不保。

这充分说明了企业业务越简单越好的道理，企业最怕的就是在资金、人力都不够的情况下，盲目地去做新的业务，产品线铺开一堆，每一种销量都不好，这样会拖累企业资金链。你把业务搞复杂了，成本也就上去了，一旦销量跟不上，或者形势突然转变，你陷在里面根本就没有机会出来。

富士康以代工闻名于世界，很多人劝郭台铭，制造业赚钱速度太慢了，代理加工行业的利润在相当一段时间内都会很微薄，远不如直接去炒房产、炒地皮，这样很快就能赚到丰厚的收益。但郭台铭却毫不犹豫地拒绝了这些建议，他说："如果我的团队一天到晚去学怎么挣快钱和热钱，那么久而久之，他们就再也不会赚慢钱和冷钱了。"

郭台铭的理智与克制让富士康连续八年跻身《财富》500强，富士康到现在都坚持为其他品牌做代工，包括苹果、小米等一流手机厂商都要靠富士康来组装手机，其业内第一的位置无人撼动。

华为总裁任正非发表演讲说："我们要踏踏实实沿着有价值的点撕开口子，而不要刚撕开个口子，就赶快把这些兵调去另外一个口子，这样的话你们就是希特勒，你们想占领全世界，你们分兵多路，最后就必然是死亡。我还是要强调，企业目前取得了一些胜利，但不要盲目铺开摊子作战。还是要聚焦在一定的行业，一定的产品范围内，越是在胜利的时候，越别盲目行动。"

任正非强调聚焦，不要把作战面铺得那么宽，否则很容易打败仗。业务的简单并不意味着企业永远只做一种产品，那样将跟不上时代的潮流变化。以谷歌公司为例，谷歌以搜索引擎起家，到今天谷歌搜索都是其最重要的业务之一，谷歌搜索就像一根粗壮的树干，分出无数的枝丫，常见的有谷歌地图、谷歌邮箱等。对于谷歌来说，即便是谷歌地图或者邮箱业务失败了，也丝毫不会影响自家的搜索根基。在这种情况下生长的谷歌逐渐变得越来越大，其业务之间相互独立又有联系，业务发展方向清晰明了，是值得企业者学习的。

第二章

谈失败：成功经验不能信，失败经验更有价值

• • •

Capita 2

1. 人在成功的时候是学不到东西的

谈失败时史玉柱这样说："作为曾经失败过，至少有过失败经历的人，应该经常从里面学点东西。人在成功的时候是学不到东西的，人在顺境的时候，在成功的时候，沉不下心来，总结的东西自然是很虚的东西。只有在失败的时候，总结的教训才是深刻的，才是真的。"

巨人集团曾经在20世纪90年代开展过一次轰轰烈烈的"三大战役"，当时史玉柱推出的脑黄金获得了极大的成功，导致整个团队上下过分地看好保健品市场，他们一口气又推出了12种保健品，结果全部以失败告终。

与此同时，巨人大厦的资金链开始断裂，最终烂尾。史玉柱的巨人帝国遭遇严重危机，他从人生的最高处跌落到最低谷，个人负债上亿，简直是致命的。那一段日子史玉柱确实每天满面愁容，然而他突然想通了，把自己关在屋子里，该吃吃该喝喝，还长了十斤肉，在他看来，既然已经到了如此逆境，那么空自窘迫也是无用的，倒不如放下姿态，放松心情，好好地琢磨下一步该怎么办。单说这份心态，便是同时期的许多企业家所难以比拟的。

于是人们在后面看到的便是横空出世的脑白金成为了全国销量第一的保健品，并且蝉联这一宝座十余年。史玉柱表示："对过去成功的经验再好好总结总结，尤其是对失败的教训，夜深人静的时候仔细想一想。想一想对你有很大收获，比你看书更有用。"

失败往往是惨痛的，很多人在这惨痛之中失去了意志，而真正渴望成功的人会在失败中总结最直观的经验教训。史玉柱让人尊敬之处就在于此，他的巨人集团的成功前所未有，他遭遇的失败也是前所未有，然而这次失败成了史玉柱下一次腾飞的垫脚石，他把那几年如何成功以及如何走向失败分析得头头是道，很多东西都成了他日后经商的重要思想，这一切皆源于那次失败。

谁都有失败的时候，难得的是要有遭遇失败后迅速振作起来的能力，人在成功的时候很容易过于高估自己的能力，因为周围的人不再对你说苦口良言，相反还要不断地怂恿你前进，一不小心就踏入了深渊。

当你处于低谷时，你会经历人生最艰难的时刻，你会见到最真实的人，你会以前所未有的视角来审视自己，清晰地看到自己在过去所犯下的愚蠢的错误，你会意识到一些失败是必然的。与史玉柱是好友的马云也遭遇过失败，那是在1995年，马云和妻子与一个朋友，凑了两万元钱，专门给企业做主页的杭州海博网络公司就这样开张了，网站取名"中国黄页"，成为中国最早的互联网公司之一。其后不到三年时间，他们利用该网站赚到了500万元。

1996年年初，马云决定将中国黄页与杭州电信进行合资。当时，有了资金支持的中国黄页业务扩展大大加快，到了 1996 年年底，中国黄页不但实现了盈利而且营业额突破了 700 万。可是马云发现，自己只占了公司两个决策权，而对方有五个，有什么话一说出来必然会被对方否定，这让马云气愤不已，这时他才明白一个道理："因为竞争不过你，才与你合资，合资的目的是先把你买过来再灭掉。"这是马云早先犯下的最大的错误，也让马云看到了市场竞争残酷的一面，从那以后，马云用阿里巴巴东山再起，并把阿里巴巴带到美国纳斯达克上市。马云始终都把决策权抓在自己和企业高层的手里，外来的大股东永远都不拥有任何决策权利。从某种意义上来说，失败比成功更有价值，失败可以让一个人变得更加成熟，进而迎接更好的成功。

人在成功时总是站在高处，看的是远方，看不清脚下，只顾着往前走，意识不到路已经走偏了。所以在任何时候都应该保持着低姿态，时刻掉过头来审视自己来时的路，你会发现自己并未在最高处，只是在半山腰，还需要更加努力，需要付出更多的汗水和智慧，这样你才能继续成长，不断地向上走。

2. 形势一片大好的时候为什么容易失败

1997 年 1 月 18 日，那天很冷。史玉柱正在召开一场名为"批评与自我批评"的内部会议。当天下午 4 点多，一份重要文件转给了史玉柱。第一页纸的标题是一篇《巨人史玉柱身陷重围》的报道，文字涉及"巨人集团资产已被法院查封""集团本部职工三个月未发工资"等方面的内容。这是压在身上的最后一根稻草，史玉柱在自己的本子上写下四个字——"天亡我也"，他合上本子后继续开会。

时间再往前推移五年，M-6403汉卡销售量居全国同类产品之首，获纯利1000万元。巨人公司更名为珠海巨人高科技集团公司，注册资金1.19亿元，年底，公司纯获利3500万元，年发展速度提高500%。

1993年1—3月，党和国家领导人杨尚昆、李鹏、田纪云、李铁映先后到巨人集团视察。李鹏给巨人的题词是："青年科技人才是国家的脊梁。"1993年1月，巨人集团在北京、上海、成都等地成立了8家全资子公司。8月又开发出一批新产品。9月，史玉柱荣获广东优秀科技企业家称号。1994年6月，史玉柱被评为中国十大改革风云人物。同月，江泽民视察巨人集团，并用巨人中文手写电脑题词："中国人就应该成为巨人。"

当成功的时候，你就会对自己有高估的预判，会被大好的形势蒙蔽双眼。亚里士多德说过："人最得意的时候，会有最大的不幸光临。"这世上有很多人，并不是被失败打败的，而是被胜利击垮的。因为一个人志得意满的时候，往往会被胜利或荣耀冲昏了头脑而失去应有的冷静。这时，即使外部环境发生了变化，或是灾难即将来临，得意者却有可能全然不觉，从而让自己遭受打击或面临更大的灾难。要知道这世间没有永远的胜利者。一个人也不可能事事占得先机，得意时更需淡定面对。

开过车的人都知道，越是平坦宽阔的大道，开车时越容易出问题。因为道路太平坦，视野太开阔，人的精神就容易麻痹。所以，有经验的设计师在设计高速公路时，都会故意裁直取曲，故意设计一些弯道。微软的比尔·盖茨深知微软已经在全球站稳脚跟，但是还不到志得意满的时候，所以他总是在说："微软离破产永远只有 18 个月。"海尔的张瑞敏也说过类似的话："每天的心情都是如履薄冰，如临深渊。"形势一片大好往往让人忘记危机，甚至对一些小错误视而不见，正所谓千里之堤毁于蚁穴，小错误正是大溃败的开始。真正的企业家不会因为"形势大好"就放松警惕，他们会时时刻刻紧盯自己走过的路，不会为些许成绩沾沾自喜，而是保持冷静的头脑，远离失败的深渊。

电商凡客曾经在中国风靡一时，尤其在垂直电商领域几乎做到了业内第一的位置。凡客出身"贵族"，在雷军和陈年的努力运作下，经过 7 轮融资，总额超 5.3 亿美元，投资方包括联创策源、IDG 资本等，最高估值高达 50 亿美元。"凡客体"也曾火爆于各大媒体、微博，然而在繁荣过后，凡客依然还是一件衬衫。在凡客飞速发展的阶段，凡客的员工数以万计，随着高管离职、公司内斗消耗，如今剩下 300余人，凡客的辉煌盛景不再让人唏嘘不已。凡客的失败原因是多方面的，但是其中不乏对形势判断失误以及停滞不前的错误，凡客以为即将"承包"全国青年的衬衫，其实并没有，繁荣是虚假的，消费者是善变的，他们转换一个品牌的速度非常快，而且凡客迟迟不能拿出真正有竞争力的产品或者服务，衰败自然在情理之中。

其实，"形势一片大好"往往只是一厢情愿的判断，市场每时每刻都在变化当中，如果因为取得了一些小小的成就便开始对自己做过高的判断，那么下一步很容易就"踏空崴脚"，所以在所谓形势一片大好的时候最应该提高警惕，时刻做好对危机的应急处理准备，同时还要不执著于自己的成功之路。路是可以变的，很多人失败就是因为他们觉得自己走的道路带来了成功，便一直在走，殊不知市场早就发生了变化。

王之涣有一句诗："欲穷千里目，更上一层楼。"一个人如果身处一个阶段的成功，千万不要在此停留止步，觉得这一刻的成功值得享受。如果你再往上走，就会发现自己取得的成就其实微不足道，上面还有更好的风景在等着你。

3. 失败时的总结才是深刻的

2015 年，史玉柱担任国内首档创业脱口秀的讲师，他第一时间分享的就是"别人成功的经验不能信，失败的经验更有价值"。他在现场穿着外界最为熟悉的"史玉柱服装"：大红色的上衣，白色干净的裤子，剃得只剩几毫米的头发，脚上穿的是一双几十元的美邦白球鞋，他一直在履行给美邦董事长周成建"几年内穿美邦鞋子"的承诺。史玉柱对大家充满劝诫地说道："中国有句老话，失败是成功之母。因为失败了之后，总结了教训是真实的、有意义的，能够让人提高的。"史玉柱详细地讲述了自己失败的经过，又讲了他是如何思索失败的。

有人说史玉柱的厉害之处在于他善于总结，他善于总结消费者的心理，他善于总结员工的心理，他善于总结游戏玩家的心理，他还善于总结失败的道理。诸葛亮说："善败者不亡。"并不是说善于失败的人很厉害，是说善于利用失败的人"不亡"，只有善于总结失败的经验教训，才能使下一次前行更加稳固。

任何一家企业无论是创立之初，还是已经立足全球，都会有错误的产生，错误一般来说都是因为决策者的判断失误，导致了企业在不恰当的时候做了不恰当的决定，给企业带来了或大或小的损失。这样的错误就是最负盛名的企业家也会犯。但是问题的关键不在于犯不犯错，而是在于敢不敢正视自己的错误，进行弥补，进行反思和借鉴。

有些企业家认为自己的动机、战略、计划方案本身都没有什么问题，就算有问题，也只是一些小问题，没有必要浪费太多的时间去思考。这种想法是错误的，有很多错误并不是瞬间就显现出来，而是会潜伏在企业里慢慢扩大，最后发展到无法挽回的地步，"千里之堤溃于蚁穴"正是这个道理。

错误是企业下次不会再犯的基础，错误是不断改进的借鉴，重视错误的企业往往能从这些错误里不断吸取经验，锻炼企业在商界大风浪里站稳的品质。犯了一个错误就相当于踩了一颗钉子，钉子扎人很疼，被扎之后要做的就是不能被白扎，要记住这次为什么会踩钉子，要总结下次如何才能不踩。

只要做事，失败就不可避免，但是善于从失败中吸取教训的人，失败的概率会更小。美国著名企业家道弥尔特别喜欢收购濒临倒闭的企业，并让它们起死回生，记者问他为什么这样做，他回答得十分巧妙："别人经营失败了，接过来就容易找到它失败的原因，只要把造成失败的缺点和失误找出来，并加以纠正，就会得到转机，也就会重新赚钱。这比自己从头干起要省力得多。"因此，保罗·道弥尔被同行们称为企业界"神奇的巫师"。

2012中国（深圳）电子商务发展论坛在深圳五洲宾馆举行。其中，"1号店"董事长于刚就企业怎样面对发展做出了一番讲话。

于刚认为，做企业首先不要怕犯错，因为所有新的方法新的模式都有成功的概率，都需要冒很大的风险。因为好的做法恐怕很多已经被做过，我们去尝试一些新的做法，可能很大程度都会失败。所以我们要有容错的心态。

对此，于刚还举了一个例子特别说明："在1号店上线之前，我们在没有做市场调查和尝试的情况下，筹备了3个月的时间做了一本非常精美的300多页的目录，一次印出了10万多本，一百多万砸进去。但后来的结果是，这种推广效果非常不好，1号店早期都是一些低单价的快消品，这种目录形式，价格不能动态改变，于是我们很果断地停掉了。又比如，之前我们做了很多海报，通过地铁站、小区发放，当时每次一发海报，订单就上去，一停，订单就减少，后来，我们忍痛停止这种海报的方法。我们发现，这些不是电子商务的做法，于是逼着自己去创新，去找适合电子商务的推广方法，从而发掘出后来成功的案例。"

当一位成功的企业家被问起成功的"诀窍"时，他说："最初我凭着热情和经验去管理企业，没有成功；后来，我读了上百本如何管理企业的书，按照书上的道理去做，也没有成功；最后，我专心研究了我企业的特点，并总结以往失败的经验教训，摸索出自己的一套管理企业的方法，终于取得了成功。"

史玉柱把自己对于巨人集团失败的思考每一条都写在了本子上，史玉柱也详细讲过那些思考，那本子上的全部内容我们依然无从得知，但是想必每一条都是史玉柱带着沉重的心情总结出来的吧，惨痛的教训让史玉柱真正地成为了一个商人。

4. 一个人的成长往往是在逆境中

史玉柱作为一个从逆境中爬起来的"巨人"，他是最有发言权的，他说："我觉得应该对逆境有个客观的认识，因为它有积极的一面。这个逆境，一般人认为它是个坏事，的确总的来说是个坏事，但是它的确有积极的一面。"史玉柱一次在接受采访的时候谈道："一个人的成长，并不是顺的时候成长，人是在逆境中成长的。顺的时候他是在吃逆境时候的老本，这不是说大家顺的时候一定要往逆境中走。人的成长最快的时候。真正成长的时候往往都是在逆境中，像我们的几个伟人，他们都经历过很多磨难、很多逆境。你看邓小平三起三落，每一次再起来的时候都比前一次走得更高。"

很多企业家都说东山再起后的史玉柱"变了"，与之前的气质大不同，变得更加洒脱睿智，更加乐观随性一些，在企业管理上更进一步。巨人集团曾经的失败并不是什么坏事。史玉柱在那次失败中成长了太多，他个人性格成长了，对企业、商业的理解也更加透彻。

逆境是一个人走向成熟必不可少的经历，是人生道路上不可或缺的一种动力。逆境就像一块试金石，不经历风雨怎能见彩虹，人生如同登山，越往上坡越陡，空气也越稀薄，但当你真正站在了山顶上的时候就会看见最美的风景。

抗日战争爆发后，年幼的李嘉诚随家人来到香港生活，没多久父亲便病死了。李嘉诚美好的童年随着父亲的去世一去不复返，年幼的他担负起了养家的重任。面对人生的磨难，面对恶劣的环境，李嘉诚望着未来的目光有些迷茫。尽管自己才十几岁，但已经有了远超同龄人的坚韧，自此李嘉诚走上了自己的创业道路。

璞玉没有经过打磨之前只是一块石头；宝剑没有经过淬炼以前只是一块玩铁。没有经历过风雨的人，永远都只是生长在温室里的花朵，虽然娇艳美丽，却经不起风霜。困难虽然是阻挡成功之路的绊脚石，同时也是助推成功的踏板。经历过重重苦难考验的人，才能磨炼出顽强的意志，才能有勇气面对更大的困难，才能在成功之后，依然保持警惕，不至于让成功来得快，去得也快。

逆境是一笔财富，它会使得我们坚强起来，摆脱安逸的环境，我们才能在逆境中逐渐成长。成功永远与苦难和困难并存。我们要知道河蚌能孕育出珍珠也是要经历沙粒入体的痛苦的。没有经历过困难的成功就像是没有打好地基的楼房，建得越高，越容易坍塌。

新东方的掌门人俞敏洪说过这样的话："北大踹了我一脚，当时我充满了怨恨，现在充满了感激。"俞敏洪说："如果一直混下去，现在可能是北大英语系的一个副教授。"

1985 年，俞敏洪从北大毕业后留校任教，后来由于在外做培训惹怒了学校，当时北大给了他个处分。他觉得待下去没有意思，只好选择了离开，那是 1991 年，他即将迈向人生而立之年。

我们所经历的磨难坎坷，不要白白地流血流汗，要让这血和汗流得有价值。也就是说要在这一过程中成长起来，把自己的能力提升上去，并且要学会总结经验，逐渐垫起自己的脚，达到"会当凌绝顶，一览众山小"。

"舜发于畎亩之中，傅说举于版筑之中，胶鬲举于鱼盐之中，管夷吾举于士，孙叔敖举于海，百里奚举于市。"逆境的成长对于每一个人都是有意义的，不曾经历逆境便相当于温室里的植物，挪到户外后成活率会比较低。当身处逆境的时候，不妨带着一种挑战逆境的心态，去接受它，让它帮助我们成长，当你真正在逆境中几经沉浮后，就会发现自己真的成长了许多。

5. 逆境中做事比较冷静

史玉柱说："在逆境过程中做事往往是比较冷静的，而在成功的时候，说是要头脑不发热，但我估计做到是很难的。我觉得绝大部分人在成功的时候头脑不发热几乎是不可能的。除非是经历几个周期之后才有可能做到。"

史玉柱当年在巨人集团获得巨大成功后，用网络用词说应该叫有些"飘飘然"了，史玉柱说："脑黄金做好了以后，我觉得做一个产品、做一个企业能成功，我做其他的也能成功……最后觉得药也能做，后来我们就收购了药厂，包括在安徽买了药厂，也制了十几种药，最后这十几种药都失败了。我们本来以为其他的自己也能做，比如做服装，又做了化妆品，当时还成立事业部，事业部下面还设工厂。当时传销还不违法，还成立一个传销部，所以搞了一大堆，实际上最后全失败了。"他指挥巨人集团涉足十几个行业，每天都开工生产新的产品，根本就看不到潜在的危机已经到来，最终引发了巨人大厦的倒塌，把史玉柱从天上打到了地上。

史玉柱略带自嘲也略带警告地说："在成功的时候，头脑特别容易发热，但是在逆境的时候，自己不熟悉的通通都不想了，这个时候做事比较冷静。所以逆境还是有逆境的好处。"这是史玉柱在经历了惨痛失败后的经验教训，凝结了他沉痛的反思。史玉柱说得没错，人很容易在成功的时候头脑发热，总是需要逆境来"敲打敲打"，清醒一下头脑。从这个意义上来说，逆境并不是一件坏事，它可以让人避免下一次更大的危机。

现在流行一个词叫作"逆商"，简单来说就是当个人或组织面对逆境时，以其独特的方式对逆境产生的不同反应，高逆商的人在面对逆境时从不退缩，他们会把逆境当作自己向前冲的"垫脚石"，即使在极端困难的时期，他们仍会干劲十足，直到收获成功。

逆境让人看清自己，在逆境中你会反复思考自己是如何陷入逆境的，当吹捧你的人离你而去，体会到了世间冷暖，思想才会更加成熟。逆境让你看清自己的不足之处，所以逆境是好事，可以帮助人成长。

可口可乐公司总裁古滋·维塔是古巴人，40 年前他随全家人离开古巴来到美国，当时他身上只带了 40 美元，加上 100 张可口可乐的股票。而 40 年后的这个人，竟然能够领导可口可乐公司，让这家公司股票的价值在他退休的时候增长了 30 倍！维塔讲过一句话："一个人即使走到绝境，只要有坚定的信念，抱着必胜的决心，仍然还有成功的可能。"

世界球王贝利喜得贵子，有记者祝贺说："你的儿子长得多壮实，将来一定会成为像你一样的体育明星。"球王立刻不假思索地回答："狮子要是不饿的话，是不会去捕猎的。我的儿子不可能成为一名优秀的球星，因为他现在就很富有，缺乏先天竞争意识，而我小时候是很贫穷的。"

"自古雄才多磨难"，正是这常人无法忍受的磨难，是人生逆境造就了天才。做企业也是如此，当一个企业家带领企业创下佳绩时，媒体的吹捧、巨额的盈利都会使企业家"头脑发热"，仿佛以自己现在的能力做什么都能做好，便开始大踏步地"前进"。

正如《菜根谭》中所说：居逆境中，周身皆针砭药石，节砺行而不觉；处顺境时，眼前尽兵刃戈矛，销膏靡骨而不知。久处顺境的人很容易产生惰性，而人在身陷逆境时，资源匮乏，精神压抑，成功欲望迫切，改变的决心才会日益旺盛，因此常常能够取得在顺境中难以取得的巨大成功。从某种程度上来说，逆境才是检验企业家是否真正有能力的试金石，没经历过逆境不知道自己的短板，没经历过逆境不知道天有多高地有多厚。当逆境来袭，应当冷静下来思考。让自己冷静下来，东山再起并不是没有可能。

6. 要有不服输的劲头

史玉柱这个人有一个特点，就是他从来不觉得自己输了，他遭遇过重大的失败，但是在那种情况下他也没觉得自己再也翻不了身了，他想的是如何重新建立巨人集团，最终他成功了。史玉柱对自己的失败做了深刻的反省："人在顺利的时候、成功的时候就是胜不骄；在失败的时候就不要轻易服输。你有不服输的这股劲头，再难的关都能过。所以我建议创业者在这个时候能坚强一点，没有过不去的坎，当然也不是靠睡大头觉睡过去的。"

现在没有人敢说史玉柱是失败者，尽管他的巨人集团曾经因经营不善破产，史玉柱负债累累，但是他重新站起来了。

海明威说过："人可以被毁灭，但不可以被打败。"当你认输的时候，就意味着你彻底失败了，再也没有东山再起的机会。因为你开始从心里接受自己失败的事实，在意志上变得薄弱。

日本销售大师原一平曾在年轻的时候吃不饱饭，每天睡公园长椅，依旧精神饱满地推销产品，后来他说："这不是有没有饭吃的问题，而是我心中有一团火在燃烧着，这一团永不服输的火在身体内作怪的缘故。"这就是不服输的劲头在支撑，可以让一个人坚持他的追求，即使经历多次失败，依然能够重头再来，直到达到目标。

1995年，马云创办中国黄页，由于开支大，业务又少，最凄惨的时候，公司银行账户上只有200元现金。但是马云以他不屈不挠的精神，克服了种种困难，把营业额从零做到了几百万。在盈利之后迫于压力放弃黄页，身边的人劝马云还是赶紧回去当老师，马云不干，他带着团队来到北京，待了一年多，十几个人在长城上唱《真心英雄》，唱着唱着就流出了眼泪。马云说："我们回杭州！"

1999年3月，马云正式辞去公职，后来被称为18罗汉的马云团队回到杭州，凑够50万元，成立了阿里巴巴。为了推广阿里巴巴，马云坐飞机全世界跑，不停地给人演讲，有时候台下就三四个人，他也要给对方讲解。马云为阿里巴巴拉风投找投资，又历经互联网寒冬，拼的就是不服输的劲头，他就不信自己不能成功。38岁离开学校的铁饭碗开始，马云沉浮十年，最终把阿里巴巴推广到国际上。

太多的人在成功的门前放弃，他们的意志薄弱，自以为不能成功，于是便放弃了。有时候，你再坚持一下，或许就

可能触摸到成功。每个创业者都不会一帆风顺，一路上会有许多风风雨雨艰难险阻，很多时候会让你看不到希望，阴霾笼罩着你的目光。这个时候创业者要提醒自己："既然已经走到了这里那就应该继续向前走，因为就此放弃就永远不会成功，而且还吃了很多苦；但是坚持就有可能成功，苦就没有白吃。"创业者要学会用这种自我激励来支撑自己前行，半途而废永远只会让人一事无成。

人的力量和耐力很多时候是需要精神来支撑的，只要心中的信念不死，就可以走出绝境，迎来光明。相信自己，就像马云经常说的："我永远相信，只要永不放弃，我们还是有机会的。"只要你有一颗永不服输的心灵，有一种愈挫愈勇的意志，内心就会升腾起一股勇往直前的勇气，从而也就不再抱怨上苍的不公。

著名演员段奕宏17岁时从伊宁到乌鲁木齐，再坐火车到北京，四天三夜，甚至睡过行李架，他就为了参加中戏的考试。这一次，段奕宏落榜了，连二试都没进，当晚还独自一人在天安门广场坐了一宿。一年后，他再来考，复试时铩羽，一个考官还直言不讳地说："你光是外表就不能通过，退一万步说也考不上！"第三年，他还不死心，最后总算遂了愿，而且是西北片考生中成绩最棒的。

每每有了新角色，哪怕那个角色微不足道，他也会满怀激情去迎接。跑了十年之久的龙套后，一部《士兵突击》横空出世，让观众们记住了这个优秀的演员。

在一期访谈中，主持人问段奕宏最欣赏自己的哪一点，他十分感慨地说："是不服输。考中戏，一开始就有很多人给我判了'死刑'，我还坚持考了三年。我不知道当时为什么那么坚定，我怀疑过，也想过放弃，但我就是不服！进了中戏和话剧院也一样，很多时候，我几乎看不到希望，不知道未来是什么样子。但在节骨眼上还是有不服输的念头……"

腾讯QQ曾经被马化腾开价100万出售，可是买家只愿意出50万，连马化腾的心仪价格80万都不愿意，如果当时成交了，今天的"腾讯帝国"会是何等模样？当时的困境可想而知。最终他坚持了下来，现在的QQ帝国，无人能及。

7. 东山再起时，用诚信来推广"史玉柱"

1999年，史玉柱再次登上各大媒体的头版头条。重出江湖的史玉柱向媒体披露了自己的还钱计划——全部偿还巨人集团所欠下的1.5亿元楼花款。

史玉柱在接受《北京青年报》采访时曾告诫创业者："重整旗鼓再创业，首先要想到还百姓的债——这也是企业不可或缺的财富。企业的诚信是最重要的，中国不少企业缺的就是这一个。"在史玉柱看来，诚信是企业经营的第一要素。不讲诚信，企业必然要为之付出巨大的成本和惨痛的代价。

从法律的角度上来说，史玉柱大可以申请破产来规避巨额的债务，但是他却选择了承担下来，因为他知道，自己若要东山再起，就必须承诺把这 1 亿元还上，因为没有人愿意跟一个没诚信的人合作。史玉柱说："一旦信誉没了，以后也就无法在江湖上混了。"

曾经的失败让史玉柱更加意识到诚信对于企业经营的重要作用。在史玉柱东山再起的时刻，他用诚信来推广"史玉柱"，让媒体、银行、消费者记住"史玉柱"。大家都知道"烽火戏诸侯"的典故，一旦失去了诚信，任凭你是国王，也终究会被抛弃。俗话说：人无信而不立，商无信不兴。在商场上，也要靠诚信立足，谋求发展，否则最终你将会为自己的敷衍欺骗付出代价。即便你仅仅是一个小的生意人，如果你一直坚持诚信的原则，终有一天，你会碰到把生意做大的机会。就像史玉柱，不仅为自己迎来了良好声誉，而且也为后继的发展奠定了基础。

商道即是人道，坑蒙拐骗是绝对成不了大气候的。然而，生活中我们时常会看见有些销售人员为了尽快完成订单，往往将产品的优势说得天花乱坠，忽略产品固有的缺点和不足，甚至百般掩饰和隐瞒。不可否认，很多时候都是客户的百般挑剔，但是这种欺骗消费者的行为，最终会让你失去更多的客户。

一家知名企业的内刊上有这样一句话："优秀的销售代表必须为产品说实话，他必须承认，产品既有优点也有不足的地方。"任何一种产品都不可避免地会存在一些缺陷。作为销售人员，正确的态度是学会正视这些问题，敢于承认，敢于面对。否则，一旦被客户发现真相，即使销售人员再做多少解释，都很难挽回客户的信任，最终的结果只能是不欢而散。

其实只要我们细细翻阅一下商业历史，就会发现，很多50年以前的企业，如今几乎寥若晨星。原因就是在新兴企业如雨后春笋般地冒出来的时候，很多只是靠争相刊登各种广告，做各种欺人的宣传，求得盛极一时，缺乏诚实为后盾，其发展之路自然不会长久。

李嘉诚是做塑料花起家的。当时他的生意初见成效，销量非常可观，甚至塑料花的订单都到了美国。有一次，李嘉诚如常将大量的塑料花装船的时候，接到美国中间商的电话，说美国的下家生意倒闭，要他马上把货撤回，有什么损失中间商同意承担。这件事发生在其他人身上可能会立即把损失无中生有地说得特别大，没有也要找些出来，好让美国的中间商赔自己一大笔钱。但李嘉诚却说："感谢您的及时通知，这些塑料花我可以另寻买家，不需要你们一分钱的赔偿。"结果是那一船的塑料花都没有卖出去，李嘉诚自己承担了损失。

很多年之后，市场很不景气，李嘉诚的生意到了一个瓶颈，正在他进退两难的时候，美国来了一位生意人找他，那位生意人想在香港发展，打算给李嘉诚投很多的资金。李嘉

诚很诧异，因为他和那位生意人完全不认识，后来生意人解释说，是那位中间商的力荐，说在香港做生意一定要找诚实的李嘉诚。

无论你是国际性的大企业，还是刚刚进入市场的小企业，其很多道理和原则都是不变的。如果你不够诚实，常以弄虚作假来获得金钱，那么最后必死无疑。要知道，企业的信誉往往是第一的，只有先树立好信誉这面旗帜，才能为你招揽更多的消费者。

8. 勇于承担个人责任

当巨人大厦倒塌，史玉柱负债上亿，讨债人蜂拥而至之时，史玉柱庄重承诺："欠老百姓的钱一定要还。"此时，有位浙江大学学生致信史玉柱："你要不站起来，你就伤害了我们这代人的感情。"对此，史玉柱解释说："商人也很现实，我是站在商人的角度，这个钱如果不还，我以后也做不大。出于商业的考虑，我也必须把这个钱还上。"

史玉柱身上背着沉重的担子，东山再起，还债上亿，哪有那么容易？更何况史玉柱已然成为商界反面教材，又有谁愿意跟他合作呢？

1998 年，山穷水尽的史玉柱找朋友借了 50 万元，开始运作脑白金。第二年健特公司成立时，史玉柱签署了一份借

1亿元来偿还巨人集团所欠款项的协议。该协议大致是这样的："健特公司运营脑白金，如果失败了史玉柱偿还公司本金，如果发展起来健特要借1亿元给史玉柱用来解决珠海巨人大厦的问题。将来健特要上市，到那时史玉柱再用获得的收益还。"

史玉柱还债的新闻传播得非常快，当联想集团创始人柳传志得知史玉柱主动还债的消息后，当天晚上就打电话给史玉柱。老企业家柳传志对这个事看得比较透，在接受央视采访时，柳传志对史玉柱还钱的举动倍加赞赏，同时分析道："咬紧牙关还钱，表面上看史玉柱好像吃亏了，一亿多元现金他付出了，但是这个回报史玉柱觉得不止一亿元。巨人集团给自己将来的定位还是很高的，他还是有野心的，要做到很大规模。因为将来定位高，如果有一笔不良记录在这个地方，对集团将来的发展是很不利的。作为一个民营科技企业家，要有一种社会责任感，是你的错就要敢于承担，再说欠的是老百姓的钱呀！"

根据法律规定，巨人只要申请破产就可以不用还债，可这样史玉柱只能一辈子躲在幕后操作，一旦出来公众形象将一败涂地，必将成为企业发展的障碍。从商业的角度来说，史玉柱还巨额债务的新闻相当于做了一个大广告，史玉柱变得家喻户晓，人们也对敢于承担责任的企业家保持宽容。

马云说："只有在两种情况下你是CEO，一是你做决定的时候，二是在你犯错的时候。CEO犯错误的时候要敢于承

担责任，而不能说成功的时候就是我一个人的功劳，失败的时候是你们执行力不行。"

阿里巴巴曾经遭遇"欺诈门"。自 2009 年平台客户的欺诈投诉逐渐上升，阿里巴巴立刻展开调查，发现部分销售人员为了追求业绩，故意纵容外部分子进入阿里巴巴会员体系进行诈骗。马云得知此事后非常震惊，他下令清除了两千多名客户和几百名阿里巴巴直销人员，同时责令 CEO 卫哲、COO 李旭辉引咎辞职。马云在给全国人民的邮件中写道："过去的一个多月，我很痛苦，很纠结，很愤怒……"他表示："对这种触犯商业诚信原则和公司价值观底线的行为，任何的容忍姑息都是对更多诚信客户、更多诚信阿里人的犯罪！"

有媒体评论称："深感阿里巴巴真正敢于承担个人责任，阿里巴巴的成功绝非偶然。如此重大人事变动，设想下，如果换我坐在马云的椅子上，说不准会缺乏魄力而破坏公司规则。"

深圳长炼总厂和深长石油公司都是国有企业，由于它们一直长期坚守"重承诺，讲信用"的道德准则，被连年评为"最佳外地在深圳企业"。

有一次，深长石油公司向长炼总厂告急：各加油站汽油储蓄量已近尾声，请按合同准时运送汽油到深圳。长炼总厂接到告急电报后，计算了一下运油时间，发现已不能准时运到深圳，但为了维护合同，经过研究决定，电报通知深长公

司，就地用高价购买外商汽油，以满足顾客的需求，高出的价格，由长炼总厂承担。

这一举动获取了大家的信任与好感，从此公司一年四季顾客盈门，经济效益直线上升，外商石油企业也望尘莫及了。美国前总统杜鲁门曾在自己的办公室门口挂了一条醒目的标语："buckets stop here。"意思是问题到此为止，不再传给别人。

美国著名管理顾问史蒂文·布朗曾告诉广大企业领导者们："企业家如果想发挥管理效能，必须得勇于承担责任。"当问题出现时，领导者不应该想着如何脱身，而是如何将问题接下来，甚至将过失也揽在自己身上，这样不计较个人名利的行为，将会给领导者带来更高的威信和感召力，

没有责任感的企业家不是合格的领导者，责任意识就是企业家表现卓越形象最佳的着力点。有句话叫："能力越大，责任就越大。"企业家需要为企业承担责任，同时也要为社会承担责任，不仅仅是道德和法律要求企业家如此，更是因为唯有能承担责任的企业家才会被消费者认可，那些不承担责任的企业已然被群众所淘汰。

没有一家企业永远都是一帆风顺的，在做一些新产品、新业务时面临着"成功"或"失败"两条未知的路，作为企业家若总是逃避责任，那么将不会有东山再起的机会。史玉柱是商人本色，但是他看得比较透彻，他知道自己不还这上亿的债务倒是一身轻松，然而群众和市场也不会给他销售脑白金的机会。

第三章

谈胆子：由冒失到谨慎的蜕变

· · ·

Capita 3

1. 曾经的"史大胆"

1989 年 7 月，史玉柱怀揣独立开发的汉卡软件和"M－6401 桌面排版印刷系统"软盘，南下深圳。当时，除了一张营业执照和 4000 元钱，史玉柱一无所有。为了买到当时深圳最廉价的电脑（8500 元），他以加价 1000 元为条件，向电脑商获得推迟付款半个月的"优惠"，赊账得到了平生第一台电脑。为了推广产品，他用同样的办法"赊"来广告：以电脑做抵押，在《计算机世界》上以先打广告后付款的方式，连续做了 3 期 1/4 版的广告。《计算机世界》给史玉柱的付款期限只有 15 天，可一直到广告见报后的第 12 天，史玉柱分文未进。就在关键时刻，第 13 天出现了转机：他一下子收到三张邮局汇款单，总金额 1.582 万元！先人一步的思维方式，让史玉柱迎来最初的成功：两个月后，他账上的金额竟达到了 10 万元之巨。史玉柱凭借自己的胆大心细赚到了人生的第一桶金！

胆大的史玉柱敢在央视投几个亿的广告连续播放；史玉柱敢涉足房地产行业，并因为广州要盖 63 层的大厦，他对巨人大厦的楼层一再增加；史玉柱在一穷二白的时候敢承诺全国的经销商：只要订购 10 块的巨人汉卡就能免费去珠海参加巨人的订货会，路费由巨人公司承担，史玉柱为此投入了几十万……

史玉柱自己也曾笑着说："之前我一直是很荒唐的一个人，不按经济规律办事，感觉人有多大胆，地有多大产。如果叫史大胆，那时候我其实是挺合适的。"但是如今要评价史玉柱，可不能再加上"胆大"这个形容词了，要加上曾经才行。在经历失败过后，史玉柱意识到自己性格里有开疆拓土、敢想敢做的优点，同时也有着冒巨大风险不计后果的缺点。他开始主动改变，变得小心谨慎起来。

"我以前超胆大的，现在超胆小。"史玉柱这样评价自己，巨人网络上海总部只有三层，史玉柱自我调侃说"我恐高"，算是对当年老巨人大厦失败的一种隐喻。现在房地产行业诱惑诸多，史玉柱也咬牙不做，因为他不熟悉这一行业，现在的巨人只做自己喜欢和擅长的。

世界上第一个独自徒步横跨北极和南极的冒险家，被日本"经营之神"稻盛和夫盛赞，说他挑战生命极限的勇气值得尊敬。然而这位冒险家却说自己不是勇士，甚至还是一个胆小鬼，由于胆怯，他不得不小心谨慎地进行了准备，这才是他成功的主要原因。相反，如果他只是一味地胆大，就会直接导致死亡。这个故事引人深思，"胆大"往往是相对而言，"胆大"就意味着可能对风险预判不足，导致全盘失败。而唯有小心，才能在如履薄冰的商界走得更远。

优秀企业家有敢为常人所不敢为的气质，只要能带来巨额的利润，企业家总是愿意冒险，一些冒险的决策有时可以带来巨大的收益同时也伴随着巨大的损失。做企业光是敢想敢做还不够，更重要的是仔细谨慎，把每一步都规划得当，才能立于不败之地。

有记者问到李嘉诚的成功秘诀，李嘉诚不假思索地回答道："我往往花90％的时间考虑失败。"不难看出，李嘉诚对他每走一步，每上一个项目都小心谨慎、周密思考、计划周全，把所有可能导致失败的原因，如何应对的策略，都考虑得万无一失，才果断地做出决策。这也就解释了为什么"李超人"在过去半个多世纪的商业活动中鲜有失败，他以塑料花起步，走向房地产，又涉足电信等行业，业务拓展到全球50多个国家，正是因为李嘉诚懂得"小心驶得万年船"的道理。胆大心细这两个形容词不可分割，没有心细便只剩下鲁莽，没有胆大则不敢前进，二者结合才能够使步子迈得又大又稳。

挺多人急于求成或者抵制不住诱惑，便开始一味地冒进，如同面前出现了一片绿地，便迅速地奔跑过去，没想到却陷入了沼泽当中。从来不要做没把握的事，因为你可能真的输不起。敢想敢做的前提是对自己的行为有非常大的信心和判断，同时也能做好失败的准备，能够承受一切糟糕的后果。如果什么都不想，脑子一热说做就做，多半会被意想不到的麻烦纠缠，最终失败。

2. 投资需谨慎，控制风险是第一位

史玉柱说："我在投资上交过学费，也有成功的地方。一旦涉及投资，控制风险往往是放第一位。"史玉柱现在对投资的风险控制是极为谨慎的，他认为任何投资都不能有赌的心态，他说："凡是搞投资不能赌。从事投资类的企业负债率很关键，像巨人大厦倒掉前期，我们的负债率非常高。后来做脑白金的时候，负债率是0。但是搞投资多少会负债，一个企业负债率不能太高，太高真是要出现危机。"

2007年，曾有人问史玉柱："您下半辈子都献身网游了，但您过去十几年涉足了那么多领域，肯定也看到了很多诱惑，现在说这个话会不会为时过早？"史玉柱的回答是："11年前我胆子确实很大，但今年45岁了，从那次摔跤之后一直没什么冲劲。现在像我们企业这种规模的，哪个（企业）不是到处投资。我认识几十个朋友，都在（到处）投资。我近（几）年一直反对多元化，这说明我胆小。我有个企业家朋友圈子评（谁的）胆子最小，我是第一名。"

有人说，优秀的企业是敢于冒险的企业，一个有理想的企业家不会满足于已有成绩和眼前的安逸。的确，如果企业想要做大，那么就必须有勇于创新与实践的勇气。在一定程度上，企业家又是冒险家，敢于冒险是优秀企业家的天性，

没有谁天生就知道如何回避和解决那些无处不在的风险和困难。

然而，冒险不等于莽撞蛮干，企业家"敢干"仅有勇气还是不够的，还要适应周边的市场环境与复杂的竞争市场，要想在同行业的竞争中站住脚，把项目做成功，赚取更多的利润，赢得他人的尊重，就必须加强自己的风险意识。

对于一些本就存在很大危险的投资，每一个企业人都要懂得识别风险、评估风险，事先做好风险分析与防范对策，并在工程实施过程中及时控制风险，在风险发生之后，还要妥善化解风险，这样才不会因为贸然的挺进而导致失败，承担巨大责任。

2004年年底，刚刚做了一年电子商务的京东商城面临一个选择，是专注于做电子商务，还是专注于做连锁店，连锁店当时占了整个京东商城95%的利润，放弃95%而抓5%，是一个很大的冒险，这种选择让刘强东失眠。

但是在分析电子商务市场巨大的前景后，刘强东选择了坚持电子商务。这在最开始并不是一条十分顺利的道路。因为在2007年今日资本的1000万美元投资之前，京东商城面临的是资金链断裂。然而，获得今日资本投资后的刘强东，走上了一条强势资本之路。最近完成的C轮融资金额达到15亿美元，估值则高于100亿美元。

管理企业"走出去"的风险，除了加强企业内部的风险管理以外，借助外部力量的协助也是必不可少的。敢于冒险的企业家，如果能够善于利用专业律师等外部力量，来管理企业"走出去"遇到的风险，则必然如虎添翼，使企业在国际化的进程更加稳健。

当然，这种科学的冒险精神却非盲目冒险、比试胆量，而是在看好形势的情况下所持有的胜利在握。总之，在对市场把握还不明显，对自身的未来发展还不明确的情况下，企业一定要沉稳行事，切忌做无谓的冒险，以免栽入自己的陷阱中去。

红杉中国创始人、著名投资家沈南鹏曾经给优秀的风险投资者下过定义："一个好的投资者能够在各种杂乱的信息中，做出最接近现实的理性判断。"沈南鹏曾经自称是"理性有心计的赌徒"，他是一个非常谨慎的人，从来不会做没有把握的事情，更不会被一些短暂的利益蒙蔽双眼，所以他的投资都是经过了充分考量，在可以接受的范围里做一些冒险，这才造就了红杉中国的神话。

沈南鹏从来都不是用赌徒心态投资的——赌对了就赚、赌输了就赔，不是这样的，沈南鹏在2005年曾经和一家医药公司的CEO见过面，尽管沈南鹏相信生物医药市场存在着巨大的机会，但最终还是拒绝了，他表示"因为不懂，我很难爱上它"。当年，知名主持人李静创办的东方风行想要寻求投资，沈南鹏摸索了一年半的时间，最终才拍板投资。

小心驶得万年船，一个企业家小心谨慎些终归没错，因为企业家并不代表他自己，而是代表整个企业，代表着几十

名甚至上百上千名员工，代表着一个集团，企业家每做的一
个投资决定都将深刻地影响企业后续的发展。像史玉柱这样
谨慎地投资，带来的是超高的回报和极低的失败率，史玉柱
也知道有媒体说他"变得胆小"，但是外人永远都是嘴上说
说，真失败了要承担责任的还是史玉柱，所以他的谨慎投资
是对自己企业的负责。

3. 向熟悉的领域进发

　　正是由于曾经的失败，很多年来，史玉柱坚持一个时期
只做一件事情。尽管脑白金在 1999 年就很成功，史玉柱却
迟迟不肯推出下一个产品。后来，他给巨人定下几项原则，
自己不熟悉的行业坚决不做，不能发挥自己特长的不做，不
是朝阳产业不做，没有足够的人才不做，没有资金也不做。
因为失败，他变得十分"胆小"，因为胆小变得拥有了属于
自己的"失败哲学"。

　　史玉柱总结道："我现在给自己定了这样一个纪律，一
个人一生只能做一个行业，不能做第二个行业；而且不能这
个行业所有环节都做，要做就只做自己熟悉的那部分领域，
同时做的时候不要平均用力，要主攻自己最擅长的那一部
分。"史玉柱的巨人网络集团，十几年来一直专注于游戏领
域，史玉柱本人也特别爱玩游戏，所以他总是做"游戏体验

官"，开发一款新游戏，史玉柱要先玩，给出改进意见，他觉得满意，游戏便会推出上市。目前史玉柱的领域包括游戏、保健品以及投资银行三大块，他不会去动热门的房地产、电子商务等领域，经历失败过后，他对自己有了更加清晰的判断：史玉柱也许干别的不行，但是做游戏和保健品绝对是超群的人才。

只做自己最擅长的事，充实自己熟悉、喜欢的行业，这是发挥我们优势的最好办法。如果你用心观察那些成大事者，就会发现他们都有一个共同的特征：无论他们的智力高低，他们所做的都是自己擅长的事情。调查显示，有25％的人正是因为找到自己最擅长的领域，才将自己的专长发挥得淋漓尽致，得以掌握自己的命运。另外75％的人，不知道自己擅长什么，没有找到适合自己的职业和领域，所以最终一事无成。

德国钢铁大王奥古斯特·泰森说："我之所以成功，不是因为我努力，而是因为我只做自己最擅长的事情。"奥古斯特·泰森在年轻的时候，并不想按照父亲的愿望去经商，而是想成为一个文学家。于是，他每日结交文学界的朋友，不知疲倦地读书，然后奋力写作。但是，三年过去了，他的文学界朋友都劝告他最好选择另外一件自己喜欢而且擅长的事情。他感到很悲伤，无奈之下，他只好试着经商。

但是，在经商过程中，他发现自己在经商和管理上，确实很有天赋。同样的生意，他总是可以比别人赚到更多的钱。面对经济萧条，别人的生意都受到冲击，他却将生意做得更大，最后让自己的公司成为德国的钢铁帝国。

无独有偶，美国大文学家马克·吐温享誉世界，他成名后用全部家当做图书印刷行业，结果惨遭失败，负债累累，完全证明了自己毫无经商天赋，重新拿起笔后，文学领域的马克·吐温才能自信过人。

你不熟悉，所以你不懂，你就有天然劣势。成功的重要因素之一就是"规避劣势"，正如木桶理论所言，影响一个人或者团队能取得多大成就取决于你的"短板"，所以当这短板要规避还来不及，你却要主动在短板领域工作，实属于自掘坟墓之举。华尔街金融大师罗杰斯在中国也说："在投资股票方面，不要相信专家，要做自己最熟悉的领域。"唯有在熟悉的领域你才能够找到自信，你才能够展现自己惊人的才华，充分发挥自己所长。

百度公司创始人、董事长兼首席执行官李彦宏告诫创业者，创业要专注于自己的领域，并且要有前瞻性的眼光，要向前看两年。李彦宏称，他创业之初美国 IT 界最火的是电子商务，无数人涌入了这一行业。李彦宏没有跟随大流进入电子商务领域，而是选择了熟悉的、少有人问津的网络搜索领域。

李彦宏称，不少人曾鼓动他向网络游戏、短信等领域涉足，但李彦宏并没有这样做。在他眼里，自己的公司，自己的领域还有很深的潜力可以挖掘，自己目前要做的只是将搜索这一个领域不断翻新。"在今后的若干年，百度也将只在搜索领域发展。"李彦宏如是说。

归国创业前的李彦宏一直在硅谷从事搜索引擎的研发，他甚至拥有专利技术，是那时为数不多的搜索研究人才，他回国后就建立了百度，在搜索引擎领域里一飞冲天。

每个人都有自己所长，真正聪明的人会牢牢地把握自己的擅长，并把优势最大化。在这个社会上，不会有太多的机会让你试错，你唯有进入自己擅长的领域才能够立足下去。如果只因为一时兴起而随意涉足其他领域的话，你就会发现自己不懂的地方太多，随时要吃亏，终究还要回到自己擅长的领域。

4. 现金流，企业的生命

1995 年，巨人集团推出 12 种保健品，投放广告 1 个亿。乐观的史玉柱往巨人大厦地下三层又砸了一亿多元。直到 1996 年 5 月，史玉柱依然按照此法来建造巨人大厦，他把各子公司交来的毛利 2570 万人民币留下 850 万元资金外全部投入巨人大厦。

1996 年 7 月，巨人大厦资金告急。全国保健品市场普遍下滑，巨人集团保健品的销量也急剧下滑，维持巨人保健品业正常运作的基本费用和广告费不足，巨人保健品业的发展受到了极大的影响。

就在这种关键时刻，史玉柱却仍然要用卖保健品的营收投入巨人大厦，史玉柱当时的想法是："我可以用脑黄金的利润先将巨人大厦盖到20层。先装修20层。卖掉这20层，再盖上面的。"万万没想到的是，保健品业务因为"抽血"过量，加上管理不善，很快就卖不动了。

老天似乎要为难史玉柱，为解决资金链的问题，巨人大厦为此多投入了3000万元。在此期间，珠海市还发生了两次大的水灾。巨人大厦的建设受此影响，地基两次被泡，整个工期耽误10个月。1996年9月11日，巨人大厦终于完成了地下室工程，11月，相当于三层楼高的首层大堂完成。

巨人大厦的施工仍在继续，但是史玉柱的手里却一分钱也没有了。合同上规定，巨人大厦施工3年盖到20层，1996年年底完工，但由于施工不顺利而没有兑现。当初，在国内签订的楼花买卖协议规定，大楼一期工程（盖20层）完工后履约，如未能如期完工，应退还定金并给予经济补偿。

而当1996年年底大楼一期工程未能完成时，建造巨人大厦时卖给国内的几千万楼花就成了导致巨人集团财务危机的真正导火索。国内购楼花者天天上门要求退款。媒体"地毯式"报道巨人集团财务危机。得知巨人集团资金链断裂之后，"巨人3个多亿的应收款收不回，全部烂在了外面"。此时的巨人集团因财务状况不良，无法退赔而陷入破产的危机。不久，只建至地面3层的巨人大厦停工了。

就此引发连锁效应，史玉柱在这件事上彻底失败了。后来史玉柱自我反省道："我在珠海巨人出事的时候，负债率高达80%。后来我就跟自己这么规定的：5%的负债是个绿灯，是安全的，10%的负债就要亮黄灯，15%的负债就要亮红灯了，不能碰了。像这样我们的公司就不会因为负债而出问题。回过头来看，过去十年中国的著名民营企业老板进监狱的，表面上是各种原因进了监狱，其实他们有共同的问题，都是负债率过高所导致。"

做生意保持低负债率能够让企业的风险大大减少，没有负债就代表"赚多少钱都是自己的"，企业可以没有负担地进行投资，而不是"用别人的钱投资，赔钱的时候还要还别人的钱"。企业资产负债率的高低与流动资产所占总资产的比重、流动资产的结构以及流动资产的质量有着至关重要的联系。如果流动资产占企业总资产的比重较大，说明企业资金周转速度较快、变现能力强的流动性资金占据了主导位置，这些资产的多少直接影响着企业付现的能力，所以在企业能够控制的情况下，保持一个低的负债率能够让企业更加平稳地走下去。

李嘉诚曾经在接受采访的时候说过："这么多年来，1950年到今天，就个人资产来讲，从来没有一年比去年少。要做到这样，第一原则就是不要有负债。我在1956年以后，个人没有欠过一个债。"李嘉诚的桌子上摆着一大一小的北极熊雕像，他指着小北极熊说："我的负债是这个。"又指着大北极熊说："我的现金是这样大。"

让公司随时随地保持着大量的现金储存是一种未雨绸缪

的做法，因为谁也不知道市场会如何变化，可能在夜里正做着美梦的时候，自己公司的市值就化为乌有了，所以保持着"实实在在"的现金是一种"后手"的随时补救方案。关键时刻只有我们自己手里的现金能够帮助我们渡过难关，也能帮助我们重振旗鼓，再次站立起来。

大量的现金储备可以让我们渡过一些突如其来的难关，还可以让我们抓住一些千载难逢的机遇，就像李嘉诚一样，用大量现金做诚意自然能够吸引到别人的目光。所谓远水解不了近渴，当我们碰到非常好的投资项目的时候却因为手里没有可用的现金，只有一些股票等不稳定的东西的话，恐怕就要跟机会说再见了。

日本国内流行着"丰田汽车公司是日本中央银行"的说法，原因是丰田拥有的现金数额比日本国内大型银行保有的现金数额还要多。日本国内和国外有关业界都将丰田公司当作"日本中央银行"和"资金提供者"，认为其在金融领域里发挥着重要的作用。

丰田总裁张富士夫曾经说："为了最终成功，我们必须保持大量的现金储备，提高盈利能力，这是最关键的。"在丰田公司逾千亿美元的资产中，超过 300 亿美元以现金的形式存在着，这在同行里是最高的。与福特比一下便可以知道这种做法的好处：2000 年夏，福特有 260 亿美元的现金，它把其中的一半用来股票回购、股利分配以及收购，很快就陷入了现金短缺的窘境。

当丰田的外国竞争对手，如通用、福特等正在忙于建立全球性汽车联盟时，丰田却在将资金不断地注入萎靡不振的银行，或者投资于身陷困境的工业企业。最终造成的结果是福特斥巨资欲挽救其在英国的汽车业务，但没有多大成效；通用对意大利菲亚特的大笔投资也没有收益。而这时，丰田已经通过那些扭亏为盈的银行和工业企业，积累了足够的现金。

多年坚持的大量现金储备曾经让丰田在多次日本的经济危机中屹立不倒，他们在银行纷纷倒闭的时候不在意自己的钱或者股票化为虚无，他们会迅速地拿出充裕的资金让自己渡过危机，有了现金储备的丰田就像是一个有大人撑腰的小孩子一样在全世界不断地扩张，最后连美国市场都被征服，丰田成为了全球四大汽车公司之一。

苹果公司也非常喜欢储存大量的现金，苹果公司的财务报告显示，其现金储备高达近两千亿美元，苹果的现金储备包括现金、现金等价物、短期有价证券、长期有价证券等。随时保持着大量现金预防着出现变故和失败，这样的经商智慧非常值得我们学习。

5. 宁可错过100次机会，不盲投一个项目

史玉柱说："从我个人的经历来说，经历过一次失败之后，我最大的一个体会就是不要做超出能力的事，不做没把

握的事。我现在常常告诫自己，宁可错过一百次机会，也不要犯一个错误。2001 年以后，每天很多项目找上门来要我们投资，其中也有好项目，但我们都没有动，冤枉了就冤枉了。现在回头看来我们确实错过了几个好项目，但也回避了很多后来被验证非常失败的项目。"

史玉柱称他的投资重点是在金融领域，具体而言，是银行和保险业，而这些领域能够惊动他、让他一段时间内全力投入的 case，都需要一定的资金规模，"最少在十个亿"以上。

关于外界经常冠之于其身的"豪赌论"，他十分惊诧："有人说我豪赌，恰恰相反，我是胆子最小的人。我投一个产业，有几个条件：首先判别它能否为朝阳产业；其次是我的人才储藏够不够；还有目前的现金能否够；假设失败了能否还要添钱，假设要添钱我能否预备得足够多。"

史玉柱说："我的观点是，宁可错过 100 次机会，不盲投一个项目。我一直反对多元化，我不会再开第三个东西，我的下半辈子就靠做网络游戏。我已经 45 岁了，摔完跤后这几年感觉自己的冲劲越来越小了。"

有一份资料说，在中国 A 股早期通过投机发家的人，绝大多数后来都回到了以前的穷困生活。他们在快速致富时，尝到投机的甜头，就误认为投机是致富的最佳方法，以致更加贪婪，继续投机，直到最后输得精光。挺多人喜欢做看上去能迅速赚钱的投机生意，总是想着一夜之间暴富，看到什么行业赚钱就去投资，这种不仔细调查分析，只顾表面暴利的心理正是投机者们的写照。

可想而知，这样的投机是不能赚到钱的，反而还会将自己的资金赔进去。而投资不一样，投资需要的是一个良好的心态，投资之前需要做详细的调查研究，再决定是否投资，如何投、投多少都要经过慎重考虑，而不是跟风式的别人投什么赚钱也跟着投。

无论什么行业，出现大量人员参与和热炒就会产生泡沫，而泡沫的破碎也正是投机者们的自讨苦吃，所以我们想要进行投资或者家庭理财，一定要充分考虑市场行情，切忌跟风，切忌抱着一夜获利的心态，应把投资当成是一种乐趣，并找出其中规律，一定会赚钱的。

全球瞩目的投资大师，"股神"巴菲特曾经把投资形容为马拉松长跑，起跑时不要抢在前头，意为选择正确的投资策略，在中途一时跑得快也不一定会赢（不追求投机的高额回报），关键是要坚持下来跑完全程，才有可能取得胜利，笑到最后。

巴菲特总是避开那些所谓高速成长、光彩夺目的亮丽公司，因为其中投机的成分太重；而是选择那些增长速度中等但能持续稳定增长的公司来投资。正是这样的投资理念让巴菲特的"股神"称号在世界上越来越瞩目。

2000 年，中国石油 H 股的股价被严重低估，巴菲特以其独到的投资眼光和方式，以几元的价格购买并持有中国石油长达 7 年。到了 2007 年，中国石油 H 股的价格达到 30 多元时，又果断抛售。巴菲特认为已经达到他所设定的投资价值了；如果这只股票再涨，那么投机的成分就浮现了。他果断地出售了中国石油 H 股让他少赚了一些钱，但却体现出他价值投资的理念。

总有一些企业家喜欢抱怨自己所处的行业赚钱太少，殊不知，正是因为"微利"，竞争对手才少，嫉妒的人才少。企业家的眼睛不能只盯着所谓的暴利行业。企业家应该懂得为企业的长远发展去考虑，而不是追求短期利益。

我们首先要树立正确的投资理念。这也就意味着我们的投资理念要与时俱进，不要永远觉得房地产热、黄金热，可以尝试一些新兴的行业，并且最好对该行业的市场前景有所了解，这样才有利于我们随时做出判断。

企业家要对投资收益有一个正确的预计，不能盲目提高对投资收益的预期。我们不能投资一个项目就一定要觉得必须赚回来多少钱才罢休，正是抱着这样的想法才会出现大量的投机者，稍微赔一点就不甘心，继续加大投资，最后全赔完了。

投资要保持着宁缺毋滥的状态，一旦你越投越多，回钱就越来越慢，逐渐发展成赌徒心理，越赔越投，最终完全陷入里面。保持一个良好的投资节奏，在投资前做好充分调查，不搞投机，不急于赚钱，放长线才能钓到大鱼。

6. 资本运作：不要把所有鸡蛋都放在一个篮子里

史玉柱总是自称"大闲人"，但是他可并不闲，他屡屡投资，增持民生银行，入股辽宁成大，投资华数传媒，私有化巨人网络……史玉柱近年来偏向于资本市场股权领域的投资，而没有被实业拴住，可以说在战略的大方向上做得比较好。有业内人士认为，史玉柱的每一次投资可以说都踏上了时代的脉搏，投资策略秉承"不要将所有鸡蛋放在同一个篮子里"的基本理念，保障良好收益的同时最大化分散了风险。

史玉柱现在就把"鸡蛋"放到了三个篮子里，分别是保健品、网络游戏、金融投资，全都是他擅长和喜欢的领域。尽管史玉柱不提倡多元化的投资，但是他也不会把"鸡蛋"都放在一个篮子里。对银行的投资，史玉柱很有自信，"这一块我应该能赚大钱"。他说："一方面，相比其他投资，银行业商业模式清晰，并且很稳定——贷款利息减去存款利息，只要资金量足够大，利润就很高；另一方面，全国性的银行一般不会破产，上市银行有证监会和银监会的监管，相对来说犯错误的概率要小一些。而且，就算是全国银行要出问题，国家也要管它。"

"不要把鸡蛋都放到一个篮子里"是 1981 年诺贝尔经济

学奖得主詹姆斯·托宾说的，全句是："不要把你所有的鸡蛋都放在一个篮子里，但也不要放在太多的篮子里。"如果将财富投资到同一个地方，必然会引起相应的风险增加，一旦失误，一定会损失惨重；但要是投资太分散了，必然会减少利润空间，增加管理成本。

简而言之便是投资需要分解风险，以免孤注一掷失败之后造成巨大的损失。每一种投资都带着不同程度、不可预测的风险，如果广义地对投资进行理解的话，所有合作或交易都可以视为投资，所谓的"分散投资"，就是将资金投放于不同类别的资产上，达到降低非市场风险的目标。

以著名的三星公司为例，从厨房到客厅，三星的产品可谓无处不在。2012 年的消费电子展上，三星参展的众多产品共获得 30 项创新奖。而在 2012 年的 IF 设计大奖中，三星赢得 44 个项目获奖。

除了手机产品外，截至 2011 年年底，三星已经成为世界顶级电视机制造商，获得了 22.5% 的市场份额。三星在显示器市场也拔得头筹，拥有 15.1% 的市场份额。三星还占据了全球冰箱市场 13.5% 的份额。而在洗衣机市场，其市场份额已经从 2009 年的 7% 增长到了 2011 年的 9.2%。即便在笔记本市场，虽然比不上惠普（HP）和戴尔（Dell）等电脑巨头，但三星的市场份额在短短几年内已经几乎翻了一番，达到了 6.3%。

因此，三星的销售额增长可谓顺理成章。2012 年第二季度，三星的收入达到了 422 亿美元（约合 47.6 万亿韩元），比上一年同期增长了 21%。公司利润达到 46 亿美元，比 2011 年增长了 48%。三星还生产显示屏、处理器、笔记本电脑等一系列电子产品，是名副其实的大"帝国"。

企业要不要走多元化经营路线，一直是备受争议之处。多元化经营有利有弊，其利在于两个方面。第一，企业在多个产品上经营比局限于一个产品能获得更大的收益，而且如果这些产品在一定程度上有些联系，那么还可以节约生产中的一些费用，在生产中可以共享信息、机器、设施、营销、管理等，这样可以大大降低产品的成本。

第二，企业面临的风险会降低，不会因为核心业务失败而全局崩盘。企业所拥有的经济资源不一样，所以公司特有的风险也就各不一样，这种风险是不能通过多元化的投资得到降低的。但是每个企业所面对的市场都是相同的，所以企业都面临相同的市场风险，而市场风险是可以通过多元化投资经营分散的。多元化经营，企业在投资上遇到的风险可以部分分散。

举个例子：如果我们有 100 万，50 万买房子，10 万买股票，10 万买国债，10 万买基金，10 万开店面，5 万的活期，5 万花销。就算其中一样或两样暴毙，也不会对我们的整体经济状况造成太大的影响。若将 100 万全拿来买股票或是其他，一旦有风险，将全部付诸东流。当然，篮子要多选，但不可滥选，前提是这个篮子必须有能创造利益价值的能力。

当然了，多元化也存在一个巨大的问题，那就是如果这个行业的利润是巨大的，那么必然存在一个巨大的进入壁垒，早就被人占据了利润空间，此时再要进入恐怕不易。多元化增大了公司的管理成本，还大大降低了公司效率。所以公司在多元化的同时也要适当控制企业的规模，多元化中成功的企业是非常少的，很多企业都死在了多元化的路上。因此，企业在进入一个行业之前要对这个行业进行全面的研究，当一个行业进入壁垒低而盈利性较好的时候也应该仔细分析，是否同时将会有更多的企业进入，是否进入了利润快速降低的阶段，根据这些判断自己是否进入。

不把鸡蛋都放到一个篮子里是一种投资的智慧，分散投资，不求短时间获取暴利，但会让我们稳赚不赔，多元化而不杂乱的投资总有一个地方会赚到。

7. 创业的最大挑战是抵制诱惑

三株药业董事长吴炳新曾对史玉柱说："天底下黄金铺地，哪个人能够全得？一个人要学会控制自己的贪念。企业家的冒进，可能并非全部出于贪念，但风险控制，尤其是财务上的风险控制，应该是一个企业家的基本功。企业因为冒进而死，往往都死在企业最为辉煌的时候，所以尤其令人可惜。"

史玉柱对这段话深以为然，史玉柱并非是一个好大喜功的人，他的巨人集团发展十余种行业无非是抵不住行业的诱惑，好像看什么都挺赚钱，干脆就什么都做，最终惨遭失败。这次失败给史玉柱带来了深刻的教训，现在的史玉柱已然懂得如何抵制诱惑，哪怕那个项目真的会很赚钱，但是没把握他依然不会去做。史玉柱说："对现在的经济形势来说，创业最大的挑战不是能不能发现和把握机遇，而是能不能抵制诱惑。现在跟十年前、八年前的环境不一样了，很多人还没有明白过来，还认为创业者能发现机会、能把握机会是本事。中国现在的机会太多了，你不用去找机会，机会都会找上门。所有失败的企业都有一个共同的特点，就是没抵挡住诱惑，就是战线过长，最后才会出问题。"

在《赢在中国》里，有个叫贾豫的男硕士，其参赛项目是 AUTOFANS 车友汽车生活馆，主要为汽车用品厂商和消费者之间搭建一个互利、共赢的服务平台，为车主提供优质、快捷、贴心、周到的产品和施工服务。

马云问他：加入你的公司需要什么条件？

贾豫：首先要认可我的产品，认可我服务的模式，另外要交质量保证金和加盟费用。

马云：你觉得像你公司这样注册资本仅 3 万元钱，人家怎么相信你？

贾豫：因为之前我开店，说句实话，都是在个体户想法上做的，这个公司是我注册的第一个公司，刚开始对公司这一块也不是很了解，然后找了一个代理，我说怎么办得快怎么来，想个办法。多少钱？3万元钱就行，给了3万元钱注册了公司。

最后，马云表态说："很遗憾这次我没有选任何一位……我想提点我的建议和想法，13号（贾豫）你的项目不错，人很踏实，但是不应该给你钱，给你钱会害了你。很多人失败的原因不是钱太少，而是钱太多。在开始做得小一点，一点点积累，你会做得很踏实，所以你这个项目最好3年以内不要考虑盈利，不要考虑融资，做扎实、做踏实，这个比较好一点。"

多数人总是觉得，在创业初期拥有的资金越多，才会越有底气，成功的概率也就越大。事实真的是这样吗？

对于这种说法，马云给出这样的答案，他说："阿里巴巴能够走到今天，有一个重要因素就是我们没有钱，很多人失败就是因为太有钱了。以前没钱时，每花一分钱我们都认认真真考虑，现在我们有钱了还是像没钱时一样花钱，因为我今天花的钱是风险资本的钱，我们必须为他们负责任。"

2003年，美国一家创投公司分析了400多家资讯储存公司过去30年的资料，发表题为《储存行业的风险投资：冷酷的事实》的报告，指出创投公司看中的企业，死亡率超过70%，原因之一是钱太多。

钱太多很容易让人抵不住诱惑，然而干大事一定要抵制住诱惑，按照自己的轨迹前行，否则很容易出现偏差。柳传志有一次接受采访，他说："一定要清楚自己的目标是什么，不做眼下利润大、风险大的产品。"柳传志讲述："如果没有一个明确的目标，我早就危险了，中间的诱惑太多。1993年房地产业大发展，很多中关村企业都想介入，因为利润实在是太大，当时我也想买两块地，后来我们开会讨论了很长时间，讨论我们要干什么，挣了钱以后该怎么办，讨论明白后，确定了做电脑的大方向，赚该赚的钱，不长本事又有风险的钱不能赚。"

在任何时候都应当懂得"全身而退、见好就收"，对诱惑说"不"。在《奥德修斯记》一书中，海妖赛壬经常坐在鲜花盛开的岛屿上唱歌，美妙的歌声会诱使船员改变航向划向岛屿。因而，许多船都在岛屿附近触礁沉没。为了避免被海妖诱惑，奥德修斯命令手下用蜡封住自己的耳朵，并将自己绑在桅杆上。他虽然还能隐约听到海妖赛壬的歌声，但被绑着的身体使他无法动弹，结果成功避开了诱惑。

在国外有一位物理学家，获得了很多奖，然而都被他一概丢弃，他埋头于光子物理学，在2009年，他获得了诺贝尔奖。很多著名公司请他去演讲，他都拒绝了，说："各式的奖金不仅占去了我太多的时间，还差点使我迷惘，我不想再浪费我的精力了。"

马云说："人要在诱惑面前学会说'no'，贪婪一定会付出代价。"生活中，我们会发现很多机会，我们要做出各种不同的选择，同时会拒绝很多机会，我们要学会在一堆诱惑中去找出适合自己的机会，要勇敢地对那些"诱惑"说不。

8. 全身而退、见好就收

1997 年之前，史玉柱的商业法则是：饿死胆小的，撑死胆大的。1997 年之后，史玉柱的商业法则是：谨慎，见好就收。不懂得见好就收，盲目地扩大自己的事业，最终会导致企业毁于一旦。

有人曾经计算过，史玉柱在脑白金这一产品上，在出售之前，共获利超过 2 亿元。史玉柱见好就收，在销售量最大的时候，寻机卖掉。而最近这些年，史玉柱做得最多的是保健品、网游和投资银行股票。

史玉柱要求投资回报率超过 15%，同时可以在一周时间内变现。对此，史玉柱的解释是："那段经历造就了我们现在的投资风格——稳健，或者说是保守，李嘉诚说过，投资首先要看退出机制是否顺畅，其次才是看收益率高不高，我觉得很对，所以我想寻找的是风险不大、变现能力强的行业。"

人们常说知足常乐，既然一定得到利润，就不要过于追求更高的利润。20 世纪 60 年代，美籍华人蔡志勇因创立"曼克顿互惠基金"赚到大钱，赢得"金融魔术师"的称号。但在这个基金炙手可热之际，他就转手卖给别人。第二年这个基金的股价就开始急剧下跌。试想，若他没有见好就收，而是乘胜追击，早就赔个精光了。

《蛞蝓传》中说，"蛞蝓是一种喜爱背东西的小虫。爬行时遇到东西，总是抓取过来，抬起头背着这些东西。东西越背越重，即使非常劳累也不停止，最终被压死"。这就是不懂得适可而止的后果，会让自己的负担越来越重，冒的风险也越来越大。

人总是有"赌徒心理"，在牌桌上最常见，当一个人赢钱了，心里总会想"再赢一点"，当一个人输钱了，他就会想"捞回一点"……于是就陷入了无休止当中，越陷越深，直到输个精光。

俗话说："人心不足蛇吞象。"做生意追逐利益没有错，但是不能过分追求，否则很容易在利益的泥沼中越陷越深。每年被淘汰出局的企业，基本上都是在事业辉煌的时候，贪欲渐旺，失去了理智，盲目地扩张，最后兵败如山倒。赚钱是永无止境的，财富也永远赚不完，最重要的是追求内心的满足，若是太过贪心，总觉得"首富"还不够自己的追求的话，会活得很累，还很可能在商界竞争中犯下错误，一败涂地。

20世纪70年代的香港有四大英资洋行——怡和、太古、汇丰及和记，当时的长江实业资金已经非常雄厚，李嘉诚决定收购香港具有实力的上市公司，第一个目标便直指怡和集团的主要旗舰"九龙仓"。

李嘉诚经过仔细的市场调研之后，决定采取"明修栈道暗度陈仓"的战术，李嘉诚派人分散大量暗购九龙仓股票，一点点地使九龙仓的股价在短短几个月内由原来的 13.4 元，狂升至 56 元。九龙仓集团感到大事不妙，立即部署反收购行动，在市面上大量购入散户持有的九仓股票。但是他们的资金有限，最后不得不向汇丰银行求助，而汇丰银行与李嘉诚合作多时，双方关系良好，这使李嘉诚有点为难。

当时，财力雄厚的华资财团主席包玉刚，也在争夺九龙仓。李嘉诚见好就收，面对这种情况主动将持有的 1000 万九龙仓转让给他，从中获利 5900 万港元。有媒体称："李嘉诚这一仗可谓一箭双雕，既避免了与关系密切的汇丰银行有正面冲突，又使包玉刚领导的华资财团可顺利取得九龙仓控制权。"

李嘉诚从来不紧抓一个赚钱的机会毫不放手，相反他总是能在众人不理解的时候主动收手，在别人看来正要大肆盈利的时候却选择退出是一件不可理喻的事，但是李嘉诚正是通过这种方式，将财富累积到了上千亿，也许正是他的"不贪"帮了他大忙。

做生意时眼里不能只有金钱，一定要坚持适度原则，有利益可图，也别穷追猛打，做生意同样讲究该放弃的时候放弃，也就是说要做到见好就收。因为很多生意看上去利益很丰厚，但并不能保证永远这样，我们要随时做两手准备，在这个项目赚够了足够的利润就进行转型，不要拖拖拉拉。

有很多人在做一个非常赚钱的项目时往往不愿意放手，总觉得"万一以后更赚钱了怎么办"，结果时间久了，行业发生了变化，或者越来越多的人参与进来，利润被稀释，最后"砸"到了手里。

日本"经营之神"松下幸之助说过："高明的枪手，他的收枪动作往往比出枪还快。""见好就收"这种智慧非常难得，虽然看上去我们会损失一大笔利润，甚至还会引来别人异样的目光，但是我们自己心里要明白，不贪婪永远不会陷入经商的陷阱，那就永远都有"每次只占一点点好处"的机会。懂得见好就收的人才能真正获利。

第四章

谈勤奋：我的成功没有偶然因素

· · ·

Capita 4

1. 我的长处是勤奋

2004 年，史玉柱成立巨人网路，专注于开发网络游戏，第一笔投资花完之后，游戏没研发出来，史玉柱急了，他开始担任 CEO 全面接管网络游戏业务。史玉柱带领团队拼命地工作，在不到一年的时间内，巨人网络就在美国纽交所上市了。史玉柱自述："上市前那段时间，我一星期工作七天，每天工作 14～16 小时，随时找研发团队讨论有关游戏的内容和决策。这带动了整个团队也非常投入，大家脑子里想的都是游戏的事，在一起研讨就会诞生很多创新，这是团队全身心投入产生的结果。"

史玉柱曾经说过：我每天待的地方只有三个，办公室、家和车里。不论历经多少风霜，不论过去多少年，史玉柱在工作上自始至终都是兢兢业业。他头脑中不仅每天装着工作的事，还老盯着别人干活。他最常见的生活方式是开着一辆巨大的白色通用房车上下班。在史玉柱的"老将"、巨人网络副总裁汤敏心中，史玉柱是一个会被永远记住的人。"史总是个勤奋、务实还有点偏执的人。他对工作特别专注，讲究细节，喜欢和大家一起讨论问题。"对于自己的勤奋，史玉柱自己也挺自豪："我从来没有想过自己有什么光辉的一面。我的长处是勤奋，是坚强。别人用 5 小时做的事，我会攻三天三夜。另外，我在机会面前非常决断。"

无论一个人有多么聪明能干，其拥有和熟悉的各方面知识及专业技能毕竟是有限的，不可能掌握所有的知识和技能，不可能样样皆懂、路路皆通。也许，在你从事某项事业之前对此领域已有所涉足，对必须具备的专业技能和常识已略有所知。但当你一旦真正开始创业、开始从事某项事业时，你会顿感你所拥有的知识和技能远远不够，你会漏洞百出、困难重重。唯有勤奋能够弥补一切不足。

我们所熟知的光鲜亮丽的上市企业 CEO 们都很勤奋，其中一些甚至以"工作狂"著称。以李嘉诚为例，李嘉诚说："在 20 岁前，事业上的成功百分之百靠双手勤劳换来；20 岁至 30 岁之间，10% 靠运气好，90% 仍是由勤劳得来；之后，机会的比例也渐渐提高；到现在，运气已差不多要占三至四成了。"李嘉诚在事业上艰苦奋斗，数十年如一日，从不懈怠。在他的青少年时期，他曾经度过了一段"披星戴月上班去，万家灯火返家来"的岁月。那个时候，他每天在床头摆两个闹钟来唤醒、催促和鞭策自己。他每个星期的上班时间是 7 天，每天的工作时间是十五六小时，有时简直忙到连理发的时间都没有，长久与电影院"绝缘"。当他成家立业之后，仍然保持艰苦奋斗的美德，他的手表总要往前拨 10 分钟以免误事。

在一次演讲会上，有人问 69 岁的日本"推销之神"原一平推销的秘诀，他当众脱掉鞋袜，将提问者请上讲台，说："请你摸摸我的脚板。"提问者摸了摸，十分惊讶地说："您脚底的老茧好厚啊！"原一平说："因为我走的路比别人多，跑得比别人勤。"

腾讯创始人马化腾曾经每天夜里 12 点都不下班，老板都没走，其他人自然也不好意思走，尤其马化腾还要不断地处理事情，发邮件沟通问题，高层们只好陪着他一起工作。后来马化腾结婚了，让这些高层都松了一口气，就是因为婚后的马化腾要早点回家。

软银公司的创始人孙正义说："我不是天才，我只是比一般人更勤奋努力。"孙正义身上具备了两种超常的能力：一是令人吃惊的洞悉问题本质的能力。他总是能看清问题本质，并快速处理。二是他超乎常人的勤奋努力。1982 年，软银公司以"黑马"的姿势在日本企业界崛起。那段时间孙正义非常忙碌，他往往会忙得忘了吃饭，没有周末和假日，每天的睡眠不超过 6 小时，即便是睡着，脑子里想的也是工作上的事情。企业领导人的这种拼命精神也激励了公司员工，有的人忙得好几天都没有回家，晚上困得顶不住的时候就胡乱找个地方对付。这种从上而下的拼命三郎的精神，使得软银公司能够以最快的速度在日本软件流通行业中脱颖而出。

成功没有偶然因素，当你想要获得一项成就的时候，就要付出比常人更多的努力。作家格拉德威尔在《异数》一书中指出："人们眼中的天才之所以卓越非凡，并非天资超人一等，而是付出了持续不断的努力。一万小时的锤炼是任何人从平凡变成超凡的必要条件。"这就是"一万小时定律"，英国神经学家认为人类脑部确实需要这么长的时间，去理解和吸收一种知识或者技能，然后才能达到大师级水平。顶尖的运动员、音乐家、棋手，需要花一万小时，才能让一项技艺至臻完美。

这就是勤奋的意义，越在成功的时候越要勤奋，时刻保持自己的"加速运转"，保持领先的地位。

2. 一把手抓细节

史玉柱在回忆自己 20 年的下海生涯时，曾发表感慨表示自己有上坡也有下坡。这 20 年里，有三个时期都是自己抓细节，自己亲自做的。

第一次是 1989 年，没钱没人，公司产品 100% 的代码都是史玉柱自己写的，所有的广告文案也都是他写的，甚至每个标点，每个字，每个设计也都是他做的。

到 1992 年，公司已经有了十几个研发人员，公司的产品六成的代码还是史玉柱自己所写。为了提高效率，凡是使用效率高的、重要的都加入统计，全部使用汇编来写。这个阶段，史玉柱的公司从零到了几百人的规模。

可是好景不长，到了 1997 年，巨人公司失败了，他又放下了架子。每个广告文案和管理手册全部都由他自己写。他让所有分公司直接向他汇报工作，甚至全体员工没有经过他的脑白金产品测试不能上岗。包括跑市场，70 多座城市，跑终端，没有上万，但绝对不低于 5000 人，那时至少 3 年的时间史玉柱都是抓细节。

　　第三次是史玉柱接手巨人网络的时期。因为他不懂网游，所以史玉柱才抓细节。那个时候，史玉柱每天待在游戏里的十几小时，就是在观察细节，史玉柱说，虽然自己不能解决，但是自己可以观察。回顾这20多年的历史，也只有这三个时期是上升的，其他时期要么是平稳，要么是小进步。

　　史玉柱曾经在谈及自己为什么要求一把手要从细节开始抓起时，说过："细节太重要了，尤其是关键环节的细节。一把手抓细节，可以有效地减少项目所承担的风险。第二，可以起到模范带头作用。如果一把手马大哈，下面的人也会和你一样，那这个项目就完了。一把手要抓细节，能让细节为王落实到行动中来。"

　　"回顾我20年的下海生涯，也有上坡和下坡。恰恰这20年里有三个时期我是抓细节，自己亲自做的。例如，在推广网络游戏的过程中，对玩家的绝大多数行为我都会进行统计。每天都会打印出玩家行为分析表。从这些报表中，可以看出游戏发展的趋势，哪些功能是玩家喜欢的，哪些是被抛弃的，哪些是有潜力的。"

　　在某期《赢在中国》中，史玉柱在点评某选手，谈到有关于产品的营销时，特地讲到了他自己对"细节"管理的看法："现在的时代，战略正确之后细节决定因素，有很多细节处理不好，你的战略正确了也会失败，或者该做大了也没有做大，就失去了机会。"

　　史玉柱继续说："你现在实际上面临一个爬坡的时候，

爬得好，可能爬得很大，爬得不好，就在现有规模上。所以我提醒你注意细节，从研发上面，生产上面，营销上面，管理上面，需要注意的细节非常多。作为一把手，你应该找哪些细节是最关键的，自己塑造。一把手应该抓最关键部位的细节。我感觉是这样的，我过去是这样做的，我觉得这么做往往会成功，这不是做广告，只抓市场调研，其他一点不管，所以细节非常重要。你还要找一个最重要的决定性环节的细节，自己亲自去抓。"

史玉柱曾经说过："网络公司最重要的是细节，要重视用户体验。然而，如今很多企业虽然很重视模式的把握，但却依然不注重细节的梳理。企业模式只是企业的硬性框架，是方向。但是，细节却是日积月累用心扎实地做事。"

大型连锁快餐店麦当劳在全球拥有三万多家分店，这个代表美国饮食习惯的快餐集团是凭什么在全球一百多个国家和地区扩张的呢？全球有那么多的快餐店，为何单单麦当劳取得了那么大的成功？原因很简单，就是麦当劳非常注重每一个营销过程中的细节，重视质量。可以说，质量与细节便是麦当劳决胜的关键。

做任何事情都需要有细节的把控，任何一个产品生产步骤和程序出现问题，都将会影响到整个产品的质量。因此，在生产的过程中，一定要对细节进行严密的监控，争取不出现任何错误。只有在细节上下功夫，产品的质量才能够得以保证。

苹果创始人乔布斯以抓细节著称于世，为了重新设计

OSX 系统的界面，乔布斯几乎把鼻子都贴在电脑屏幕上，对每一个像素进行比对，他说："要把图标做到让我想用舌头去舔一下。"乔布斯近乎疯子般注重细节，在他和沃兹尼亚克还在车库里设计电脑时，他对电脑内部电路板的螺丝都要求对称和整洁，沃兹尼亚克说："别人都看不见，你别费事了。"乔布斯却说："我看得见。"

从某种程度上来说，细节就是一种态度，企业的一把手注重细节就是表明他对问题的一丝不苟，只有当一把手都注重细节的时候，手下的人才不会马马虎虎，全员认真才有超越别人的可能。

3. "我是完美主义者"

"我的成功没有偶然因素，是我带领团队充分关注目标消费者的结果。我今天的成功和过去的失败有很大关系，过去的失败源自管理和战略的失败，我现在追求的是完美主义。"

史玉柱在接受采访时说出上面这段话。《征途》正式上市之后，史玉柱常常作为一个测试员，对研发的游戏进行近乎苛刻的测试，力求做到最完美。他甚至会因为一个小小的缺陷，在深更半夜给员工打电话，要求马上更正。正是由于他对《征途》近乎苛刻的严格要求，使得《征途》从 2006年 4 月上线公测，仅用了一年的时间，就创造了同类游戏最高同时在线 100 万人的最高纪录。

征途网络的副总经理汤敏对史玉柱很了解，她很早就跟随史玉柱闯天下，汤敏说："很多不了解的人以为我们管理很弱，真实管理上，史玉柱是极端认真的，外表宽松，但流程十分严厉。"

脑白金的员工也说："他在管理上很细心，每次去商场的脑白金销售点调查时都首先看看有没有灰尘，是否有假货，以及消费日期等。"当销售区经理在最好的销售店面做充分准备后，史玉柱却要求换店观看，甚至上车后才决定检查哪个销售店，他经常选择乡镇这一最令人无视，却又最能表现管理细节的地域。

追求完美应该是一个企业家的重要品质，企业家要比常人考虑更多的事情，长远的战略很重要，同时也不能忽视了眼下的小细节。细节上有瑕疵的产品不完美，消费者都是吹毛求疵的人，一个产品有九个好处，一个坏处，他们不会在意好的地方，只会斤斤计较坏的地方。这就需要产品尽可能地追求完美，这需要企业家亲自来把控。

格力集团董事长董明珠是个要求完美的人，她的下属说："现在董总的要求近乎苛刻，她在市场上看到过太多优秀的产品，这意味着她对时尚和品位的要求更高。她的眼神很犀利，看一眼，几秒钟之内，她就能指出问题的要害。当然，她的表达方式也比较严厉。"

董明珠认为没有售后服务，就是最好的服务，她说："我要把格力的产品做到极致，做成一个艺术品。"珠海的质检机构，跟格力表示"会多多支持企业"。董明珠却一口否决："最大的支持是严检，哪怕产品有一点点问题，你就给我退回来。"这或许是格力空调在全国市场"独霸"的原因。

世界上不存在完美的产品，但在开发产品的时候，一旦确定了各种功能和性能指标，就要通过有限的资源把它按设想做到完美，有限的资源包括时间、人力和财力。如果产品开发人员抱着"不可能有完美产品"的想法工作，这个产品一定会缺陷多多。另一方面，虽然不存在完美的产品，但成功的产品一定是完美定位的结果。

追求完美，企业当然要付出更多的资源，在短期内或许还会牺牲企业的盈利，但是从长远角度来看，长期效益更重于短期效益。企业付出的资源和回报不匹配才称得上是"浪费资源"，唯有在产品上追求完美的企业，才能打造出一代又一代被消费者认可的产品。

2015年12月22日9时29分，SpaceX成功发射猎鹰9号（Falcon9）火箭，发射10分钟后完美回收一级火箭，这是人类首次成功回收火箭。创始人马斯克是个极具想象力的企业家，他在国内更被人知晓的身份是特斯拉电动汽车创始人。马斯克说过："完美的极致产品会带来更好的销售，我相信是这样的。对我来说我非常着迷于把自己产品变得更加完美，我并不是说和其他产品相比，和其他车相比，我们自己就要做得更加完美。"

企业家的使命就是要在有限的资源下尽量做到完美。追求完美是一种负责任的态度，以领导者的姿态来向下属们表达一丝不苟的风气，完美的态度才有可能制造出完美的产品。史玉柱外表粗犷，实则对产品是一个很严苛的人，他穿衣服可能很随意，吃饭、住行都可以随便，但是唯独产品不行，他可以为产品大发雷霆，他可以因为一个不满之处叫人回来加班修改，一切都为了打造完美的游戏，这也就是《征途》上线后好评如潮的原因。

4. "他的忍耐力非一般人可以想象"

2015 年，北京九汉天成公司董事长宋军回忆起自己的中学岁月，那时他与史玉柱做了三年同学，在日后也与史玉柱交往颇深。1993 年，宋军正式加入史玉柱的巨人集团，操刀巨人企划院，目睹过巨人的如日中天。1995 年，他离开巨人，史玉柱给了他 40 万启动资金在北京创业。

宋军见证了史玉柱最辉煌的崛起，也见证了史玉柱最惨败的低潮。宋军说，史玉柱的忍耐力非一般人可以想象，当年他负债累累，被逼债，从声名鹊起，到后来跌至谷底，一个最成功者变成了中国最有名的失败者，这种反差带来的心理压力很大。谁都认为他不可能再起来了，但他依然留着执念。宋军非常佩服史玉柱，他在史玉柱如此低谷的时候，总是陪史玉柱喝酒。

1997 年 9 月，史玉柱突然飞到北京来找宋军，宋军回忆："我那时的公司在一个小巷子里，只有五六间房子。我们俩坐在那里聊天，到临近吃饭的时候，他说，'哎哟，我突然忘了，今天是我生日。'我当时赶紧去订饭，就在我公司边上，一个四川人开的餐馆吃的饭，我让公司的姑娘给他买个礼物，我记得特别清楚，当时给他买了一对袖扣和领夹。我心里其实非常难受，那时正是他的低谷期，他不愿意一个人在上海过生日，就跑到我这里了。"

企业家都是一群能忍人所不能忍的人。马云曾遭遇过让他难以忍受的事，当时是1995年，有几个自称是深圳大老板的人找到马云，说自己愿意出资两万元，做"中国黄页"的代理商。这简直让马云喜出望外，因为当时的中国黄页正处于资金困境之中，"深圳大老板"对马云来说无疑是"大救星"。于是马云毫无保留地将中国黄页的核心模式和机密技术全部和盘托出，并且派出技术人员亲赴深圳指导，帮助他们建立系统。中国黄页细致周到的服务，让深圳大老板很是满意，他们对就要返回杭州的马云说："我们三天后就到杭州签合同！"

可是这份合同马云至今也没有等到，而更可恨的是，这几位深圳老板已经成立了自己的公司，拿出来的东西和马云的中国黄页一模一样——这简直就是当头棒喝，马云"当时真的受不了，但是还是把它扛下来了"。

在受委屈的时候，只有默默忍受，没有人能够替我们承担，尤其当你是一个企业的领导者时，更要有极具忍耐力的精神。有句话说得好，没让你死的，真的会让你变得更强大。一个人从创业到成功，往往要经历无数的艰辛、苦难、挫折和失败。只要把这所有的酸甜苦辣、弹痕伤痕、泪水和汗水、委屈和打击都克服了，你也就距离成功不远了。

2015年12月，北京大学主办的一个论坛上，万科董事长王石讲到著名的褚时健，他说："在社会大变革中，光有勇气不够，应该有更多的忍耐力和智慧。"他直言企业家精神就是承受力，他谈到的褚时健是非常具有代表性的人物。褚时健在1979年担任玉溪卷烟厂厂长，兢兢业业、勤勤恳恳十几年，被评选为全国优秀企业家，然而在最顶峰的时刻，他被举报贪污受贿，被判处了无期徒刑。后来减刑为有期徒刑17年，直到2002年年迈体衰的褚时健得以保外就医，在遭遇了人生大起大落的诸多挫折之后，褚时健与妻子承包荒山种橙子，2012年11月，褚时健种植的"褚橙"通过电商开始售卖，此时已经是褚时健种橙的第十个年头了。

有位学者说："人下跪有两种结果：一种人下跪后，认为这是莫大的屈辱，尊严和自信被彻底摧毁，他们从此消沉下去，最后被所有的人遗忘；另一种人下跪后，努力从屈辱中摆脱出来，他们对成功的渴望与日俱增，最后成就一番事业。其实成功者并不见得比失败者聪明多少，但他们认识到一点，那就是——屈膝是为了跳得更高。"背叛者的存在，是上天给成功者的考验；也是因为小人的存在，才衬托出了他们的宽广胸怀。

一般来说，一个人能够承受的苦难和委屈的程度，和此人日后的成功程度是成正比的。某些人因为一些鸡毛蒜皮的小事与他人斤斤计较，他们从不允许让自己受一点委屈，这样的人是很难成就什么大事业的，因为他们已经习惯了"因小失大"。真正想成就大事的人，不会在意路途上的一些绊脚石，不会对着石头生气，而是默默地把绊脚石搬开，继续向前走去。这是一个人真正的胸怀，用忍耐力去承受一些不公平、不尽如人意的东西，最终实现自己的目标。

5. 艰苦奋斗的企业文化

史玉柱是很看重企业文化建设的，他在搭配授权、奖惩制度、思想建设等方面下足了功夫。但他最看重的是企业文化中艰苦奋斗的建设。巨人网络现在的文化是"说到做到、只认功劳、严己宽人、敢担责任、艰苦奋斗"。史玉柱解释道："我们企业文化的最后一条相对空虚一点，就是艰苦奋斗。我们不排除家庭富裕的员工，这是他自己家里的事，但是一旦进入公司就一定要艰苦，一定要奋斗。如果将富裕生活中的一套东西带到公司中来，那这个公司也会受到影响。我过去带的两个团队，保健品业务和网络游戏业务，这十几年来有很多人赚了钱，成为了百万富翁，千万富翁，但有的人过不了这个从没有钱到有钱的槛，有的人在公司里突然不能艰苦奋斗了。"

史玉柱认为企业内要提前做好工作，先形成一整套科学、有效的管理制度，形成一个艰苦奋斗的氛围，新进员工哪怕是心浮气躁的年轻人，也会沉下心来跟老员工一样认真工作。

一个成功的企业必然有一个成功的企业文化，许多世界知名企业都有着浓厚的企业文化氛围，诸如松下、惠普、丰田、海尔等无不是这方面的楷模。企业文化是一个企业的精气神，是企业凝聚力的所在。尤其如史玉柱所说"艰苦奋斗"这种比较虚的，根本没有办法通过规章制度来规定让员工们艰苦奋斗，只能通过一种企业文化去感染员工，让他们主动认真工作，主动不迟到早退。全员产生出凝聚力才是一个企业的发展之道。

优秀的企业文化对企业发挥着重要的凝聚力。企业文化可以把上下左右、广大员工紧紧地黏合、团结在一起，使员工明确目的、步调一致。同时企业文化中还带着强大的约束力，在企业行为中哪些不该做、不能做，使员工明确工作意义和工作方法，提高员工的责任感和使命感。好的企业文化可以让员工们产生认同感，他们会主动认可企业文化，并主动向企业文化靠近，企业文化也将为企业带来源源不断的精神生命力。

企业文化包括文化观念、价值观念、企业精神、道德规范、行为准则、历史传统、企业制度、文化环境、企业产品等，其中价值观是企业文化的核心。企业员工的凝聚力靠的是一种认同感，大家都认同共同的目标、共同的环境，而企业文化带来的就是这种氛围。

社会人文学博士霍夫斯坦德也曾经说过："企业文化是一种软的、以完整主义理论为依据的观念，但其结果是坚实的。"企业文化对于企业凝聚力的提升是巨大的，所有成员都会以在该企业工作为荣，并且时刻充满活力。

华为人的艰苦是出了名的，上至总裁下至普通员工莫不如此，其最著名的是"床垫文化"。自华为诞生之初，几乎每个开发人员都有一张床垫，卷放在铁柜的底层，办公桌的下面。午休时，席地而卧；晚上加班，整夜不回宿舍，就这一张床垫，累了睡，醒了爬起来再干。"床垫文化"一直坚持到现在、被一代又一代的华为人继承，是其艰苦奋斗文化的缩影，任正非不止一次地强调"先工作后生活"正是华为艰苦奋斗文化的真实写照。任正非不止一次地讲过，正是艰苦奋斗的文化传统成就了今天的华为，即使今天的华为已经跻身于行业前三，艰苦奋斗的精神仍然是其极力倡导和鼓励的。

任正非在一篇文章中写道："艰苦奋斗是华为文化的魂，是华为文化的主旋律，我们任何时候都不能因为外界的误解或质疑动摇我们的艰苦奋斗文化，我们任何时候都不能因为华为的发展壮大而丢掉了我们的根本——艰苦奋斗。"

史玉柱之所以看重企业文化的建设，是因为他深知在最关键的时刻，一群有艰苦奋斗精神的员工远远要比懒散的员工有用得多，如果想要成就一番事业的话，良好的企业文化是重要的助力，一盘散沙会在困难面前迅速失败，企业文化就是把散沙制作成坚硬城墙的调和剂，为企业带来强大的力量。

6. 努力耕好自己的田，而不是天天盯着别人的田

"努力耕好自己的田，别天天盯着别人的田。"这是史玉柱对自己企业内部的要求，他认为在竞争中企业上下要专注于提升自己，而不是整天想着如何去搞垮竞争对手。史玉柱说："如果你羡慕马云的腰包，就该自己办个比阿里更牛的企业，而不是盯着他腰包，盼望瘪下去。如果你羡慕政府支持，就自己办个高科技企业，努力多多纳税，也会得到交税额一定比例的财政返还，甚至不用先交后返而是直接少缴。"

小到个人，大到企业，眼中不能有敌人，只能有榜样。一个人眼中有许多仇敌的时候，这个人其实就处于一种很不好的状态，甚至是狭隘的、偏执的、阴暗的。如果自己不行，眼中并没有把行的人当仇敌，而看到的是别人身上的长处，就很不错了，说明这个人的胸怀是宽广的，同时也说明，他有着完善自我的决心。

在 2015 年达沃斯论坛期间，美国新闻记者查理·罗斯采访马云时说："你学习太极，对吗?"马云说："我爱太极。太极是一种哲学，是阴阳，有关你如何保持平衡。当人们问你们和 eBay 竞争的时候，你恨 eBay 吗? 我说不，eBay是一个很伟大的公司，他打这里，我打那里，他攻我上面，我打他下面，他来我走，我比他小，但是我能跳起来，他不能跳。我在做商业的时候用太极哲学：冷静，一定有出路。

保持平衡竞争是有趣的，商业不是战场，不是你死我活的，就算你死了我也不一定活，是和乐趣有关的。"

企业之间的竞争，如果是带着仇恨，想方设法地置对手于死地，因为你手段的残酷和卑劣，在你搞定对手的时候，恐怕连合作多年的伙伴也会离你而去，所谓唇亡齿寒，每个人都会为自己的利益而考虑，而你冷酷无情的处事方式必然会让人畏而远之。仇恨是一种容易让人犯错的情绪，有很多报道中使用卑劣的手段竞争的企业都是源自仇恨。由于己方竞争不过对方，便开始在媒体上造谣生事，污蔑对方，这种类似的手段就是由仇恨发展而来的，是最为商界所耻的做法。有些决策者善于利用媒体去扩大影响力，但是消费者更相信一个企业的信誉与责任感，而仇恨肯定不是一剂用来平衡消费者心理的良药。

并且，带着仇恨的目光看对方就不会发现对方的优点，也就做不到向对方学习优点了，这又是一种自我封闭的做法。所以带着仇恨的目光经商是百害而无一利的，容易导致自己的企业走上歧路，也容易因为恶性的价格战拖累自己的企业。最重要的是消费者会对有仇恨的恶性竞争的商家进行排斥，这更是得不偿失。

2010年，初入网购图书市场的京东商城与在美国刚刚上市的当当网，悄然打响了一场价格战。然而这场价格战刚刚起了个头，业界便爆出了京东与当当之间无法调解的竞争鸿沟。

原来，在价格战期间，京东商城董事局主席兼CEO刘强东连发8条微博，矛头直指竞争对手当当网，刘强东说：

"自从京东筹备书籍销售一年来，当当利用垄断优势，给几乎所有出版社都发去了禁止向京东供书的邮件，否则就要停止合作……经过一年的艰苦谈判，依然有一些出版社不敢给京东供货。"

对于京东提出的"向出版社群发封杀令"一说，当当网则回应，群发邮件仅供出版社参考，无意操纵出版社，也没有告诫出版社"不要站错队"。然而，面对当当网的回应，刘强东则表示："国庆（当当网 CEO 李国庆）你不收回封杀之手，京东的价格屠刀绝不归鞘！"

最终京东斥巨资，让自己网购图书价格比竞争对手当当网便宜 20% 以上，而当当同样不甘示弱，同样斥资 4000 万降价促销，全力对抗京东价格战。自此，京东与当当之间的价格战愈演愈烈，日趋白热化。

这种硝烟弥漫的恶性竞争最后的结果肯定是两败俱伤，我们总说"和气生财"，很多企业却做不到，积极的竞争是无可厚非的，但是以一种仇恨心理恶性竞争并不是对企业发展有利的举措，企业家一定要明白良性竞争的重要性，双方彼此不断提高自己产品的质量，优化自己的模式，有限制地进行价格战，优惠消费者，这不论对于企业的发展，还是对消费者来说都是非常不错的事。

在路上的人一定是辛苦的，没有必要你杀我、我杀你。互相鼓励，互相分享，更加透明一点，更加开放一点，企业才会做得更好。每个企业都是在做生意，彼此之间根本谈不上仇恨，而当彼此产品出现利益冲突的时候，选择权是掌握在消费者手里的，你再怎么去打压对手也于事无补，唯有不断学习创新，做好自己的产品，自然就会有消费者选择你。再者，良好的心态也是做企业所必需的，每天都比对手活得开心，这何尝不是一种胜利，笑着开始的企业往往也能笑到最后。

真正的企业是做好自己，眼睛不盯着对手，而是盯着自己的优缺点，不断"进化"。

7. 谁的执行力强，谁的地位就高

史玉柱勤奋，同时也要求员工上下都勤奋，他知道公司只有他一个人兢兢业业是不够的，所以他用提高执行力的方式，提高运转能力。大部分企业家执行力很强，但是不注重培养团队的执行力。企业家的执行能力与企业的执行能力，是两个完全不同的概念。企业家的执行能力是个人能力，而企业执行能力是组织能力，或制度性的能力，一个企业一定要在企业执行能力上下功夫。

史玉柱说："一家公司应该营造这样一种文化氛围，就是谁的执行力强谁的地位就高，而不是谁出了好点子谁就厉害。有了好的决策之后，如果团队执行力不强，打败仗的概率就会很高。如果团队的执行力很强，甚至会纠正、弥补决策中的一些缺陷。"

柯林斯写的畅销书《基业长青》中，柯林斯经过大量的对几百家基业长青的企业调查研究发现，大部分成功的公司并不是伟大的魅力型领袖所创建的，人们很快就把一个 CEO 给忘掉了。GE 的韦尔奇是中国企业家喜欢的榜样，但 GE 的持续靠的不是韦尔奇，GE 靠的是它拥有一个制度化的高效业务管理系统。无论谁当总裁，GE 可以做到所有的重大战略举措一经提出，在一个月内就能够完全进入操作状态，而且总是可以在第一个循环就能在财务上获得很好的效果。所以谁当 GE 的 CEO 都会很出色，因为他有了架构及很强的企业执行能力。

为什么很多创业者，既有高水平的人才、新颖的创意，自己同时又具有搏击商海的果敢和胆识，却偏偏不能成功呢？问题就出在他的团队上，他们的企业团队往往有创意的人很多，但能执行创意的人却很少。

事实上，决策需要得到严格执行和组织实施才能取得期望的效果。一个好的执行人能够弥补决策方案的不足，而一个再完美的决策方案，也会死在差劲的执行过程中。从这个意义上说，执行力是企业成败的关键。而这一点，也是马云最关注的。

有一次，日本软银集团总裁孙正义和马云坐在一起探讨这样一个问题：一流的点子加上三流的执行水平，与三流的点子加上一流的执行水平，哪一个更重要？结果两人一致认同了后者。马云的理由是，工业时代的发展是人工的，而网络经济时代一切都是信息化的，难以预测。只有一流的执行水平，才能解决三流的点子或者其他原因带来的缺陷。

要加强企业执行力的建设，就要在组织设置、人员配备及操作流程上有效地结合企业现状，将企业整合成为一个安全、有效、可控的整体，并利用在制度上完善标准，以减少管理漏洞，在目标上设定标准，在落实上有效监督，借此，企业的执行力度自然就会得到有效提高。

因此说，一个执行力强的企业，必然有一支高素质的员工队伍，而具有高素质员工队伍的企业，必定是充满希望的企业。

罗伯森·沃尔顿说："沃尔玛能取得今天的成就，执行力起了不可估量的作用。"可见，优秀领导者对一项决策的"执行力"的重要性有着多么深切的体悟。执行力是实现战略的重要保障，只有执行力到位，才能有实现战略的可能，这也正是马云说的"三流的点子加上一流的执行"要好过"一流的点子加上三流的执行"。

领导是执行的主导者，提升部属执行力的关键在于领导。领导力决定执行力，执行力保障领导力，二者相互推动、相互促进。真正的领导者会为自己的团队制定极为高效的执行标准，你会发现那些做出真正成绩的团队都是拥有着高效执行力的，他们做事毫不拖泥带水，会在规定时间内完成任务，从来不逾期，而且不断地挑战下一个更高的目标。

8. 坦然面对种种非议

史玉柱一直饱受争议，有人说他是营销天才，也有人说他在不择手段地营销。面对种种非议，史玉柱几乎从不做任何解释。"我确实不太重视企业宣传和个人品牌形象塑造，我最关注的是目标消费者的需求和研究，对非消费者的看法一直都比较迟钝。"

有媒体是这样评价史玉柱的："史玉柱是寂寞的，他基本没有朋友，很少与外界接触。闲暇时，与之相伴的是历史书。他习惯凌晨入睡，无聊的时候就用网络游戏消解孤独。"

史玉柱觉得这样的评价很好笑，他说："说我是'孤独者'，是因为我很少在公众面前出现，很少出现在与政府官员的会面上，我不喜欢、也不会去应酬。做网游《征途》时，一天有 15 小时泡在网上，但那并非是无聊消遣，而是充当玩家挑毛病，让《征途》尽可能地完善。"

史玉柱表示："往往真正了解我的人是不说话的，最有资格说话的是我的消费者；爱批评我的人都不是玩家和专家，甚至没有玩过网络游戏，或者从未吃过脑白金。"任何人都可能遭受别人的非议，尤其是名人、企业家，更是被无数聚光灯照射着，一举一动都会被人放大，说出来一句话就容易被人断章取义，非议便开始流行。面对非议之时，史玉柱从来都不主动回应，他很少在媒体面前露面，他只是用一个又一个销售数据证明自己。这是最明智的做法，能坦然面对非议，也是企业家一项重要的品质。

2016 年年初，小米召开了年会，雷军发表了演讲："过去的一年我们过得实在太不容易了。我相信，公司所有同事都看到了各种各样的负面报道和批评甚至诋毁。比如说，'小米手机不再发烧了''小米就是个屌丝机''小米的产品节奏乱了'，还有'小米啥都做，就是个百货公司'，甚至有友商说'5 年后，小米肯定消失'。"面对诸多非议，雷军对小米的员工们说："我们内心有心魔。"为此，雷军提出口号"2016 开心就好"，雷军坦然面对外界的批评和争议，说："放下包袱，解掉绳索，开开心心地做事。"

非议往往让人烦躁不安，对于企业家来说很可能在重压之下做出错误的决定，若不能及时排解压力，找到面对非议的心态，于企业的发展是无益的。

曾经拥有 40 亿元新台币身家的台湾旅游业大亨郭正利，未料投资房产失利，不但欠了 15 亿元新台币债，旅行社也在去年倒闭，但他不向命运低头，曾西装笔挺、出入名车，现在穿着廉价的运动服，在市场摆摊学起叫卖哥卖起麻油鸡，对于还有 2400 万元新台币的债务要还，郭正利坦然面对说："人生起起落落，头放低、腰放软，我将再起！"郭正利那段时间兜里只有几百元钱可用，有一些了解内情的人会对他指指点点、议论纷纷，郭正利毫不在意，他说"做什么要像什么"，或许正是这份成熟大气的心态，让郭正利当年白手起家，成就了一番事业。

2014 年，在一次校庆活动上，刘强东发表演讲，讲述他是如何面对非议的。

刘强东说："我相信各位同学应该知道，基本上在整个中国互联网企业里面，受到争议最多的公司，受到争议最多的创业者，我相信应该是非京东和我莫属，自从 2007 年我拿到第一轮融资开始，拿到了 1000 万美元，到年底我们决定自建物流，这时市场有各种各样的质疑，有的人说很好，这是我们的核心竞争力，有的说这是胡来，最愚蠢的决定，终有一天会把企业拖垮。"

他继续说："我可以用一句话来概括，过去十几年以来，我们一直不为外界、甚至不为我们的投资人（股东）所动，来改变我们，只要我们认为做的事情有价值，盈利一定不是问题。"刘强东对自己很有信心，他把外界的批评放在一边，专心进行京东的构架。

尧有不慈之毁，舜也有不孝之谤，遭受非议是在所难免的，真正重要的是如何调整心态面对非议，在巨大的压力之下能够保持足够的冷静，做出最佳判断，这是非常难得的。在竞争中甚至还有竞争对手故意制造非议，目的就是让人手忙脚乱做出决定。所以，如史玉柱一样，任凭外界非议如何，自己不关注非议、不回应非议，这是最好的办法。

9. 创业就怕老板架子大

"重新创业，我们选了脑白金，我的感悟就是创业初期，一把手要亲力亲为，别上来一个很小的公司，一把手就想坐在老板椅上去当管理者。现在有 PE 了，有很多人，有好想法，能引来钱，做个管理者，自己并不去抓研发和市场，这种失败率是很高的。"

面对媒体采访，史玉柱说出上面这段话。史玉柱与大部分企业家的不同之处是，他总是走在"第一线"，若是不熟悉的人恐怕会以为史玉柱是一个兢兢业业的老员工。《中国企业家》的微信公众号发了篇史玉柱的自述文章，详细总结了决定创业成败的几大关键，其中第四点就是"老板不能架子大"。

史玉柱说："为什么大公司会犯很多毛病，大公司为什么没有创新力，创新力为什么都在小公司。其实有很多方面，其中一个方面我觉得还是一把手是不是在干活，而且干的是最重要最关键点的活。一把手领导全面没问题，但是也得干当时关键点的工作，你自己要亲自干，否则的话，这个一把手不称职。"

史玉柱最早搞的是软件，第一年他什么也没干，连员工都没招，就他一个人，干一件事——写程序。程序写出来不断修改，到他自己满意了，这才招了几个人，开始搞销售。史玉柱起家艰难，他在大部分时间里亲力亲为，丝毫没有所谓老板架子，这使得他的创业团队凝聚力十足。

日本企业家土光敏夫认为，老板以身作则的管理制度不仅能为企业带来巨大的经济效益，而且还是企业培养敬业精神的最佳途径。在土光敏夫接管日本东芝电器公司前，东芝已不再享有电器业摇篮的美称，生产每况愈下。土光敏夫上任后，每天巡视工厂，访遍了东芝设在日本的工厂和企业，与员工一起吃饭，闲话家常。清晨，他总比别人早到半小时，站在厂门口，向工人问好，率先示范。员工受此气氛的感染，增加了相互间的沟通，士气大振。不久，东芝的生产恢复正常，并有很大发展。土光敏夫有一句名言："上级全力以赴地工作就是对下级的教育。职工三倍努力，领导就要十倍努力。"

新东方创始人俞敏洪是这样起家的：一间 10 平方米的屋子，一张破桌子，一把烂椅子，一堆用毛笔写的小广告，一个刷广告的胶水桶。在北京寒冷的冬天，俞敏洪骑着自行车穿梭于大街小巷，看见电线杆就停下来贴广告，手冻麻了、腿冻疼了就喝两口二锅头暖暖身子。很难让人想象几个月前俞敏洪还是北京大学的教师。俞敏洪就是靠这样的方式打下了江山，当时英语补课收费都在三四百元左右，俞敏洪只收一半的价钱，而且免费 20 次授课，不满意可以不交钱。除了价格上的优势，俞敏洪还有自己独特的英语词汇记忆方法等，他讲课也风趣幽默，新东方逐渐打出了名头。

史玉柱说："关于企业管理，我们听到最多的忠告就是，管理者不要亲力亲为，要懂得授权。这其实是针对大企业的，对于刚刚创业的小企业而言，做老板最怕的反而是架子大，不肯放下身段去干最基础的活。原因是企业刚刚创立，大都只有为数不多的几个人，你不玩命地干，谁会玩命地干？还有，在创业初期，也没什么战略，就是几个人在一起工作，能产生热情的方法就是你带头干。"

当企业家摆架子时，就会失去一些优势，在团队里高高在上，自然而然地就产生距离感。创业者扮演的角色应该是亲力亲为，起带头作用的，在一个公司很小的时候，管理者就一副高高在上的样子对团队不利。企业家需要有自己的威严，但并不代表企业家高高在上，一副"不食人间烟火"的样子，有时候平易近人些更能获得员工的忠诚。

当企业家把架子放下后，就是放下了所谓的"领导包袱"，就可以身先士卒地带领员工工作了，如史玉柱一样，深入产品开发的每一个阶段，员工们会因为有史玉柱的亲自参与而热情高涨，在管理上史玉柱也更加得心应手，因而团队的凝聚力非常高。

10. 做你热爱的，就不会觉得累

史玉柱爱玩游戏，这是他第二次创业选择网游的重要原因之一。史玉柱说："那时候我喜欢游戏，后来干脆我就不上班了，不到办公室去了，我就在家，在家没人管我，玩游戏玩了有一年，后来正好盛大有一个团队找投资的，我们一看，喜欢这个东西，就投资了，这个项目投资了两千万。大概不到一年的时间研发出来，研发出来，我本来是玩盛大的游戏，后来盛大把我的号封了，所以我又玩征途了。"

史玉柱认为自己做游戏非常有优势："我每天跟玩家待的时间很长，我知道他们喜欢什么，我知道他们讨厌什么，我们的《征途》刚研发出来的时候，我就提出来，这个应该这样改，我的团队还不接受，'你不懂，这个游戏是有规则的，你不能破坏规则。'"

史玉柱说:"站在玩家的角度,一旦你喜欢上以后,你的投入度很高,高到一定程度,不是把它作为一个简单的工作,尤其不是一个应付。我每天去玩这个游戏,玩了半年,太阳出来之前,从来没睡过觉,玩的过程中,我的电脑边上有张纸,有什么感悟马上记下来,第二天有什么要修改的,包括数值,哪个地方数值不好,哪个功能要修改,第二天研发团队做,有的问题太严重了,我有时候半夜叫他们起来去改。"

热爱游戏是史玉柱有着饱满动力的原因,史玉柱也是如此给广大创业者建议的:"你从事创业的内容,是你的热爱,是你的最爱,我觉得你就能成功快一半了,因为你把工作当做乐趣,没人用鞭子抽你,你就想去干这个活,这个对创业者会非常受用。"

因为史玉柱对游戏的热爱,他比很多玩家都对游戏有着更深刻的理解,他把这种理解带入游戏研发中,得到了非常好的效果。史玉柱说:"我们有很多创新,其中一个创新是我们团队最早提出来一个多国的概念,一个服务器一个国家,七个服务器七个国家,然后打国战,小的创意有很多的,归结起来有上百项。我在玩这个游戏,也逼着我们的团队玩这个游戏,我说你不是一个喜欢游戏的人不应该来我们公司,包括扫地的阿姨也在玩这个游戏,自己本身就是一个玩家,在这种情况下,你的创新往往是切合实际的,是有效创新,而不是搞破坏。"他总结说:"我们这个团队都有这样的爱好,都是游戏狂人,我觉得获得成功,这个是最重要的因素。"

　　选择热爱的行业是明智的，著名华人导演李安，曾经不顾父亲反对来到美国学习电影，毕业后李安遭到了长达六年的漫长等待，他没有固定工作，只能帮剧组看看器材、做做剪辑助理，甚至曾经拿着一个剧本，两个星期跑了三十多家公司都被拒绝了。这个时候李安已经快三十岁了，是继续坚持电影梦想，还是去做一个热门的工作补贴家用？他的岳母也拿出钱来让李安在美国开一家中餐馆，李安拒绝了。就在李安想放弃电影，去学计算机时，李安的妻子告诉他："安，你不要忘记自己的梦想！"最终李安坚持了下来，在奥斯卡拿到了三座小金人。

　　在美国知名创业孵化器 Y Combinator 的创业学校大会上，印象笔记 CEO 菲尔·利宾发表演讲，他说："我们觉得，我们要只为自己建造一些东西，我们所热爱的东西，成立一所我们想要继续经营的公司。来做一些真正足够经典的东西。如果你希望让某件事成为你的毕生事业，那么就一条路走到黑。"

　　李开复做创新工场，培养创业的年轻人和项目，他谈及创业时表示："做自己爱做的事情，追随我心，做自己爱做、擅长做、有天赋的事情。"李开复表示："我们有一个项目叫途客圈，它的创业者是苏东。你跟这个人谈到旅游的时候，就会发现他的整个脸就亮起来了，因为他是那么热爱着旅游，他要打造一个很棒的旅游的网站……这个时候我们看到的就是，一个人在做他热爱的事情，做他真的认为这个点子这个公司就属于他的事情的时候，他释放的能量是巨大的。因为当做你爱做的事情的时候，你吃饭、睡觉、洗澡的每一分钟，都在想这件事情，你不成功也很困难。"

做自己最热爱最感兴趣的事业，永远都不会感到累，永远都有无尽的激情，也就能比别人在这项领域上获得更大的优势。

第五章

谈质量：关键是要有好产品

. . .

Capita 5

1. 保证品质，把产品做精

一直以来，产品质量问题都受到企业的高度重视，特别是在如今科技越来越发达、市场竞争越来越激烈的今天，顾客的需求越来越多，对产品和服务的要求也越来越高，越来越多的企业也在营销实践中发现，"皇帝女儿不愁嫁"，商品缺乏的时代早已过去。

脑白金在市场上的投放成功了，这不仅依赖于史玉柱富有广告天赋的头脑，更依赖于其本身所存在的价值。消费者的眼睛是雪亮的，服用过后好与不好，明眼人都知道。不可否认的是，史玉柱不仅是一位营销天才，更是一位负责的管理者。

事实上，虽然"广告"是向消费者打开市场消费的宣传大门，但是顾客在购买商品时，关心的不仅是产品出厂时的质量状况，更会去关心产品在以后使用过程中的质量状况。一类产品要想长期在销售市场上占有一席之地，那么其产品就要追求性能、可靠、安全等具有综合意义的高使用价值，以这个为目标，才能真正拉开市场需求。

当年，史玉柱预备将网游转为市场化时，同样十分坚持"产品要过硬"的思路。在没有进入网游市场之前，史玉柱就亲自以一个玩家的身份上网打游戏，并且将一些常见的游戏玩了个遍，对于各种游戏的优劣心中非常清楚。

《征途》正式上市之后，史玉柱常常作为一个测试员，对研发的游戏进行近乎苛刻的测试，力求做到最完美。他甚至会因为一个小小的缺陷，在深更半夜给员工打电话，要求马上更正。正是由于他对《征途》近乎苛刻的严格要求，使他对《征途》的成功充满了信心。基于这种对于产品的自信，他从2007年1月起，在全国范围内开展"不是最好玩的就赔钱"的活动：如果觉得《征途》不是最好玩的游戏，删号后我们就赔偿玩家人民币！

正是由于对产品的自信，使史玉柱敢于做出这样的承诺。而市场也证明了《征途》的成功。从2006年4月上线公测，仅用了一年的时间，《征途》就创造了同类游戏最高同时在线100万人的最高纪录。

史玉柱说过这样一句话："骗消费者1年，有可能；骗消费者10年，不可能。"从"脑白金"在市场上畅销十余年不衰，还有其研发的网络游戏《征途》所统计出来的游戏玩家在线纪录，就足以说明了一切。

许多管理者认为只要商品广告做得好，商品就会赚个盆溢钵满。实际上，任何一类产品如果没有质量，那么必然将没有市场。产品应当以满足消费者心理需求为尺度，并非是广告做得多，做得好，就可以取代一切。

诺基亚一向以产品质量而著称。诺基亚手机的稳定性和耐用性都仍然有口皆碑，返修率远低于竞争对手。诺基亚手机电量持久、操作简单、做工好又耐用，几乎没有人不喜欢诺基亚手机。从寻呼机到手机的过渡年代，诺基亚成为了市场上消费者最喜欢的产品，没有之一。诺基亚的耐摔甚至成了众人皆知的事实，"砸核桃"的段子也广为流传。事实上，诺基亚是延续其军工品质的制造，多年来一直以超高的产品质量著称于世。尽管在现在的时代诺基亚没有跟上时代的步伐，但其曾经作为标杆一样存在的制造品质仍然被人称道。

　　产品质量是企业的生命线，只有当产品真正有效时才能吸引更多的顾客，否则，等待自己的只有失败。松下幸之助说："对于产品质量来说，不是 100 分就是 0 分。"质量是企业生存的根本，质量管理是当今关系商场企业生存的重要问题，因此商品质量的重要性愈加突出。为了确保自己不会在激烈的市场竞争中败北，现如今已经有越来越多的中国企业开始关注起产品的质量。质量就是企业的生命，一旦出现瑕疵，就会造成致命伤。因此，管理者一定要学会严格要求自己，否则早晚会被竞争对手和消费者所否定。所以，管理者要想让自己的企业品牌迅速壮大，那么永远不要忘记质量第一。

2. 消费者不可能被骗十年

　　有人说史玉柱是个"大忽悠"，认为他之所以成功全是靠营销成功，消费者全是看广告才去买史玉柱的产品、玩史玉柱的游戏。史玉柱并不这样认为。

　　"骗消费者一年，有可能；骗消费者十年，不可能。"史玉柱认为口碑宣传是最重要的，时间最能说明问题。脑白金刚成功的时候，很多人说不用一年就垮掉，结果卖了十多年，现在还是同类产品的销售冠军。事实证明，人们对脑白金的批评没有根据。史玉柱则表示：批评脑白金的人多数没吃过脑白金，而吃了脑白金的人一般不会主动对媒体说，他们没有对媒体宣传的义务。脑白金在消费者中靠口碑宣传，赢得回头客，却由于老大的身份而背负起保健品行业的骂名。

口碑营销大师马克·休斯说到最具威力的营销手法，是"把大众与媒体一起拖下水；借由口耳相传，一传十、十传百，才能让你的品牌与产品讯息传遍全世界"。广告可以通过创意一下子引爆市场，但是后续的销售依然要靠产品自身的质量，消费者的口碑决定了一切。

现在是"产品为王"的时代，产品质量好最重要，好口碑最关键。小米手机在2015年销售了八千多万台，稳坐国产手机份额第一位置，小米副总裁黎万强曾写过《参与感》一书，里面就表示参与感就是口碑，参与感就是让用户参与到口碑的评价中去，通过使用小米手机给出好评，达到口口相传的效应。小米另一位副总裁刘德也说："太多人想要利用粉丝经济做营销，但是能做好产品的人并不多。产品好其实才是硬道理。"没有独一无二的产品，广告做得再好也没用，消费者反而要骂企业是在欺骗。

2013年，一家叫作黄太吉的煎饼店迅速走红互联网。黄太吉被广泛关注则是因为被网友津津乐道的"黄太吉老板开着奔驰送外卖"的故事。通过不断的网络炒作，黄太吉不经意间就成为都市白领都想尝一尝的"时尚煎饼"。然而，大众点评网上的评论却将黄太吉"打回原形"，很多网友开始"吐槽"黄太吉煎饼的味道其实没什么特别的。大众点评一位网友评价道："黄太吉装修、服务都很好，东西很普通，并没有大家传言中那么美味。"一家企业，产品打造得好不好，服务水平高不高，直接决定着口碑的优劣，从而决定着事业的成败。

凡客诚品 CEO 陈年受邀演讲怎么做营销，结果他一上台讲的不是营销，而是产品，他说当你营销做得很好、产品没做好的时候，只会让你的公司死得更快。相反，当你把产品做得很极致的时候，你的产品本身就是最好的广告、最好的营销。产品始终是企业最核心的竞争力，像很多百年老店就是专注产品，凭借好口碑延续了上百年。

广告永远都只是能起到宣传作用，能诱导第一批人来买产品，却不能让被产品伤害过的消费者再次购买。国内某著名火腿品牌，最高峰时员工六万多人，总资产 100 多亿元，其商标在消费者心中早已成为火腿的代名词。然而在"3·15"国际消费者保护日，该品牌被揭露出瘦肉精事件，各大超市、卖场一片紧张，对其场内销售的某品牌猪肉产品进行紧急排查并急召供应商，消费者也谈之色变，仅半个月就影响销售额 15 亿元，该品牌领导道歉、承诺赔偿等措施也不被买账。重新上架的火腿销售不动，有销售经理甚至在卖场大吃该火腿来促销。

消费者一旦意识到自己受到了伤害，企业想要弥补彼此之间的关系，是非常难的。所以，无论什么时代，无论运用什么样的广告营销方式，最终还是要卖产品，产品的质量始终是企业最能倚仗的。因为产品质量出问题而倒闭的企业比比皆是，企业家无论何时都不应当对此放松警惕，把控质量关，就是在把控企业的生死命脉。

3. 产品有效才是硬道理

史玉柱在研发出第一代汉卡 M – 6401 的时候，曾经在广告刊出的第 13 天就收到了两份订单。史玉柱的广告起到了很大的作用，但是史玉柱的产品更好。史玉柱的 M – 6401 桌面文字处理系统将录入、排版、编辑、打印诸项功能集于一体，并辅以中文菜单提示，操作十分方便。而且打印出来，大字没有打字机打印出来的那种锯齿，小字笔画均匀，比打字机打出来的效果不知要好多少倍。如此好的产品收到显著的市场效益自然是情理之中的事情。

史玉柱把这种精神延续到了做保健品和网游上，他对研发的游戏不停地玩，给研发组提修改意见；在卖保健品时，史玉柱亲自做市场调研，在得到非常多的消费者认可之后，他才开始在全国范围内推广。

众所周知，史玉柱是做广告营销的高手，他的很多产品都是通过极具影响力的广告出名的。事实的确如此，但是广告是营销的最后一环，产品真正好才是王道，很差的产品把广告做出花来，也不可能被消费者所接受。

有一句药品广告词是："不看广告看疗效。"广告的作用是把产品卖出去。产品不好的时候，有可能靠广告的忽悠增加销量，但是广告一停，销量立马直线下滑，甚至用广告轰炸，也不能够说服客户购买。而好的产品，即使不打广告，靠消费者的口碑，也大有市场，若加上出色的广告效应，就会获得更好的效果。换句话说，产品就是一家企业的生命线。创业者选择的产品，如果质量过硬，经营成功的希望就大，反之则失败的可能性就大。

2015 年金投赏入围的 15 个产品中，小米占据五分之一席位，与苹果势均力敌。小米副总裁刘德接受记者采访时表示，在产品营销日渐口碑化的当下，产品好才是硬道理，否则粉丝经济、口碑营销等概念都将无从谈起。

刘德表示，无论是粉丝经济还是品牌营销，其本质问题还在于产品。如果产品不好，或不能持续做好，"粉丝经济"则无从谈起。小米创始人雷军也说过："我觉得关注自己的业务、关注自己的客户、把产品做好才是王道，未来机会其实是不可测的。"

产品好才能打开市场，这是被很多企业家忽视的重要因素。两个人摆摊卖同样的东西，比的不是谁吆喝的声音大，而是东西真的好，就好像卖的水果不甜，路过的人买过一次就不会再买了。道理就是这么简单，但却被很多人忽视，他们没意识到口碑相传的重要性，忽视了只有站立在成功产品上，才能长久。

产品好本身就是一种品牌，普通消费者的口碑相传才是最好的广告，这远远要比花重金在平台上砸广告要有效得多。像如今提到德国、日本的家电和汽车，人们的第一反应就是质量过关、简单好用，这就是因为他们的产品已经形成了一种品牌效益，帮助他们的企业延续几十年甚至百年不倒。

腾讯 QQ 诞生初期只是一个功能简单的网络聊天工具，在 2000 年左右国内有十几家同类产品，很多人在网吧上网随便下载一个就用，下一次就换了。腾讯为什么会脱颖而出？答案很简单，那就是腾讯 QQ 不掉线！当时国内的网络不稳定，很多人在一个聊天工具里加了好友，下一次再上线好友就没了，而腾讯 QQ 替你把好友存在云端，开创了国内的先河。腾讯联合创始人张志东说："QQ 是当时唯一的几乎没发生过用户全体掉线的 IM。我们没钱做广告，但增长迅猛。当其他 IM 掉线时，就有人在各种论坛里喊：QQ 现在能说话。"

这就是好产品带来的效益，当你的产品足够好时，用户就会主动替你宣传，用户总是很"懒"，他们不会把一个产品换来换去，他们喜欢一个产品就会一直用下去。

马化腾说："我们不能做人家有我也有的东西，否则总是排在第二第三，虽然也有机会，但缺乏第一次出来时的惊喜，会失去用户的认同感。这时候，你第一要关注的，就是你的产品的硬指标。"

再以网络播放器 QQ 影音为例，腾讯指向用户，砍掉了如网络播放、交流、分享功能等，但是在最基本的硬指标上，如播放能力、占用内存等，QQ 影音的核心性能和速度都远远超越了竞争对手，推出之后发展的势头很好。

在如今的商业竞争中，当以优秀的产品搭配优秀的广告营销，才能产生持续的销售效果。史玉柱的《征途》就完美地实践了这两点，《征途》在当时开创了非常多的新功能，流畅的打斗以及非凡的内部设定，带来的就是几百万的玩家同时在线的成绩。

4. 不让一件不合格产品进入市场

正所谓万丈高楼平地起，企业最基本的保障要从产品质量开始。因为一旦企业产品在消费群体中出现任何问题，那么企业的形象就会一损俱损，再想赢得消费者的信赖与关注，可谓是难上加难了。因此，如若不想因为"一颗老鼠屎坏了一锅粥"，企业就必须严谨把握产品的质量关。不让一件不合格的产品进入市场，这样才能维持好产品在市场上良好的销售秩序，以此吸引更多的客户资源。

在包装脑白金的过程中，史玉柱不仅在广告上做足了功夫，更是在其产品质量上也下了功夫。可以说，他在关注脑白金市场变化的同时，还及时地将产品的市场反应反馈到了生产部门，并与生产部门一起，为提高产品的质量而做出了不懈的努力。

1994年11月，脑白金全国市场启动。在产品进入市场的过程中，史玉柱一直都是严把产品质量关，甚至随时抽查脑白金。在面对记者的采访时，史玉柱说："药品、保健品这类产品有两个成功的因素，少一个都不行。第一个因素是产品好不好。首先是理论上主流的观点是不是站得住脚。就连维生素也有个别专家说它不好，但关键要看主流观点。其次是要看消费者服用之后能不能立刻感觉到效果。否则，形成不了好的口碑，你就会很累。"正是因为脑白金在质量上的严格控守，才得以在市场上一上市，就拥揽了很多客户。

不让一件不合格的产品流入市场不仅是企业应该向大众承诺做出的有效保障，更是对消费者的一种尊重。不论是对消费者健康还是有效等方面来讲，企业都应当注重诚信二字，否则就会在消费者心中落下一片阴影。

任何企业在开拓市场、销售产品的过程中都要正确地看待企业的产品质量问题，既不妄自菲薄看轻本企业的产品，又不狂妄自大看不到本企业产品所存在的质量问题。具体来说，对产品质量，企业应该提高对其重视度。

当然，产品质量不仅仅是指硬件，也包括其产品服务。产品质量可以是有形的，也可以是无形的服务和信息。因此，产品的质量除与生产过程有关外，还与服务、经营等其他过程有关。

2008年6月，蒙牛乳业（马鞍山）有限公司的冰淇淋生产迎来了传统的旺季，而将把握好产品质量关也提上了议事日程，质检分中心的实验室也随之格外忙碌起来。

在蒙牛乳业（马鞍山）有限公司，"不让一件不合格产品进入市场"是公司员工心中的口号，因此每一个好的产品在进入市场前，必然经过一道严格的审控程序，这便是对食品样品的质检。工作人员在接样室内接过样品，并对样品进行对样，确认样品无误后，进行编号工作，接下来的步骤要在无菌实验室完成。实验完毕，质检员要用清水肥皂再次洗手，必要时还要用过氧乙酸液浸泡手。虽然说起来很简单，但整个检验过程很复杂，质检人员要非常地细心和认真，因为每一次检验都要严格重复这样的步骤。

企业的领导者为产品把控最后一"关"，实际上是在严格保障自己产品的质量，俗话说："好事不出门，坏事传千里。"当一件产品出现质量问题时，带来的巨大恶劣影响是难以估计的。我们都知道任何优秀的产品都是有良品率的，就是几千几万件产品里无论如何都会有一件两件有小毛病，然而这种毛病很多时候是致命的。拿国人常购物的淘宝来说，当你看中一件商品，你会因为该商品有上千好评而买，你也会因为该商品有三个差评而不买，这就是产品有问题的"差评"影响。

在腾讯，马化腾要求所有的产品经理做"最挑剔的用户"，他认为发现产品的不足，最简单的方法就是天天用你的产品。马化腾说："我经常感到很奇怪，有的产品经理说找不出问题，我相信如果产品上线的时候你坚持使用三个月，问题是有限的，一天发现一个，解决掉，你就会慢慢逼近那个'很有口碑'的点。"不断地找出问题、改进问题，当产品呈现在消费者面前时，消费者就挑不出毛病。以微信为例，简单的一个即时聊天工具，里面的每个图标都经过了无数次的反复设计，找到用户点触的最佳体验才行。

1985年，张瑞敏刚到海尔（时称青岛电冰箱总厂）。一天，一位朋友要买一台冰箱，结果挑了很多台都有毛病，最后勉强拉走一台。朋友走后，张瑞敏派人把库房里的400多台冰箱全部检查了一遍，发现共有76台存在各种各样的缺陷。张瑞敏非常生气，他把所有员工叫过来，生气地问怎么办。有一些员工说有点缺陷不影响使用，便宜点卖给员工得了。张瑞敏大声说道："我要是允许把这76台冰箱卖了，就等于允许你们明天再生产760台这样的冰箱。"张瑞敏拿出惊人的气魄，宣布这些冰箱要全部砸掉，谁干的谁来砸，并抡起大锤亲手砸了第一锤！很多职工砸冰箱时流下了眼泪。然后，张瑞敏告诉大家——有缺陷的产品就是废品。三年以后，海尔人捧回了中国冰箱行业的第一块国家质量金奖。如今海尔冰箱已经销往全世界，在世界家电领域不逊色于日本、德国老牌家电。

张瑞敏怒砸冰箱成为中国制造业史一个里程碑事件，代表着中国企业靠粗制滥造就能"混"过去的时代一去不复返。中国的消费者不是只考虑便宜，更看重质量，中国企业家们开始纷纷注重质量，才会有自己的一席之地。

5. 以研发为主导的发展模式

2009 年 10 月，史玉柱开始做新一代网游项目的研发布局。该项目由史玉柱亲自监督，研发周期为三年。这次的研发项目是一个对现有的网游商业模式而言，非常创新的项目。与《绿色征途》相比，这个项目不仅在商业模式上有所创新，同时在游戏玩法上也截然不同，其模式核心主要由玩家创造玩法。史玉柱认为，游戏的内容设置及其开发模式应该是以"玩家创造玩法"为主导。显然，玩家是真正的英雄，正是玩家创造了内容和玩法，公司只是提供平台——它被当作一个社区，而这种模式恰恰是一种全新的商业模式，真正摆脱了"产销"模式的"营销"商业范式。

在研发过程中，史玉柱更是亲自参与。他更在公司内部表示，如果这个游戏项目取得成功，与目前免费模式相比又将引发革命性的创新。史玉柱是技术人员出身，所以他身上深深地打上了以研发为主导的烙印，史玉柱很"沉迷"于产品在研发阶段的不断试验，他喜欢不停地收集改进方案，从研发开始就面向用户，一切以用户为依归。

产品如果想要在市场中长久不衰，除了要迎合市场发展规律之外，其产品本身还要有进一步的发展，否则只会在竞争中逐渐被淘汰。因此，以研发为目的，把握顾客的消费心理，不断推陈出新才是企业抓住顾客的"法宝"。

从保健品行业转入研发游戏，史玉柱说："我们过去所有的好广告，其实也都很少有一次性成功的。只想一下，一下出个好点子，然后把它实现了，这种很少。方法出来了以后，必须不断地测、不断地试、不断地修正，要用心血去浇灌，才能出个好广告。网络游戏也是这样。"

早在 2006 年的时候，史玉柱从保健品转战网游业，其率队研发的《征途》以内测 20 万人起步，巅峰时期创下了 100 万人在线的纪录。后来，在《征途》以及盛大《传奇》系列游戏成功的推动下，道具收费模式取代时间收费模式成为国内网游市场的主流商业模式，并推动行业持续了 5 年多的快速增长。

在解释为什么会率先研发进行模式探索时，史玉柱说："在看到第二代商业模式问题之后，我们就想着怎么调整。"史玉柱表示，《绿色征途》游戏通过长时间对各类玩家的观察，最终经过项目技术部门整合，推出了新"五不三新"举措：不卖材料，不卖装备，不卖经验、不开宝箱，掉落物品不绑定可交易，新地图、新技能、新体验。而由于对经济系统进行了重新设置，该游戏将全面倾向非付费玩家利益。

正是史玉柱这种以研发为主导的发展模式，促成了《征途》在网络游戏当中独占鳌头的局面，通过每一次的创新与研发新的游戏项目，史玉柱的名字在各类网游行业中大放异彩，史玉柱在国内对网络游戏的贡献是功不可没的。

事实上，任何企业要在同类商品竞争中始终能够保持领先地位，都必须有一系列新产品蓄势待发。而这些，正在考验企业的产品研发策略和产品创新能力。如果企业一旦将这种研发创新纳入考虑重点，那么所出的产品必然会赢得消费者喜爱。

一个企业的发展模式有很多，然而以研发为重点的模式是企业在今后市场中独占一席之地的不二选择。毕竟时代在变，市场在变，而消费者群体和心理同样在发生变化，如果不能顺应时代与消费者要求，那么不论产品刚推出时有多么受欢迎，最终只会是昙花一现。

实际上，开展创新的前提是首先要明确现在产品的不足，有针对性地对其进行改进、提高和完善。正如史玉柱曾经说过的那样："再好的游戏也是不断改出来的，而更好的网游商业模式也是通过试出来的。"

因此，对于那些产品线相对单一，根基尚未牢固的成长中的企业而言，只有不断地研发出迎合消费者需求的优秀产品，才能引领时尚潮流，刺激顾客，引起新的消费需求，进而延长产品的热销时间，赢得更加持久的竞争力。真正的研发是把产品当作艺术品一样，反复地修改、推进，只有一个负责任的研发小组，才能够打造出真正有竞争力的产品，就像史玉柱曾经用脑白金和《征途》席卷全国一样，产品本身质量过硬才是全国市场的敲门砖，再加上好营销才会有最佳的效果。

6. 细节决定质量

西方有句谚语："魔鬼在细节中，天使在细节中。"细节决定好与坏，成与败。是的，细节造就一切，产品的质量也决定在对细节的把握上。大部分人把史玉柱的神奇归功于他的营销、广告，忽略了史玉柱在质量把控方面是数一数二的，尤其在细节上。美国每年新生 50 万家企业，但 10 年后剩下的不到 4%，中国企业平均寿命是 7~8 年，小企业 3 年不到。为什么这么多企业短寿？其中，一个非常重要的因素就是在细节上做不到位。

史玉柱说："1997 年，我们公司失败了，我又放下了架子。每个广告文案全部由我自己写，管理手册全自己写。所有分公司直接向我汇报工作。全体员工没有经过我的脑白金产品测试不能上岗。包括跑市场，70 多座城市，跑终端，没有上万，但绝对不低于 5000 人，那时至少 3 年的时间就是抓细节。我接手巨人网络的时期，正因为我不懂网游，所以我才抓细节。我每天待在游戏里的十几小时，就是在观察细节，虽然我不能解决，但我可以观察。"

忽视细节，小损则会与众多商机失之交臂，大害则会毁掉一个企业。曾经，在浙江某地生产的冻虾仁远销欧洲，有一次却被欧洲的商家退了货，同时要求赔偿。原因是欧洲当地检验部门从部分舟山冻虾中查到了 10 亿分之 0.2 克的氯霉素。经过自查，环节出在加工上，剥虾仁要靠手工，一些员工因为手痒难耐，用含氯霉素的消毒水止痒，结果将氯毒素带入了冻虾仁。此事在当时引起了很大辩论，有人说这是欧洲人吹毛求疵，10 亿分之 0.2 克的含量已经细微到极致了，也不一定会影响人体，只是欧洲国家对农产品的质量要求太苛刻了；而也有人从国内生产角度出发，认为是我们的员工素质不高，同时也是质检部门的安全检测技术太落后。这件事给很多企业敲响了警钟，对于细节的把控往往决定着一切。

美国"哥伦比亚号"航天飞机升空 80 秒后爆炸，机上 7 名宇航员全部遇难。经过调查发现，航天飞机出事的原因在于一块脱落的泡沫击中了左翼的隔热系统。就这么一个小小的泡沫脱落就造成了如此严重的事故，充分说明了一个小细节的重要性，任何时候都不能忽视。在任何情况下细节都是决定成败的关键，不要觉得那些细节没什么了不起的，真正的成功就在于一个个的细节累积。

海尔的管理层常说一句话："要让时针走得准，必须控制好秒针的运行。"这句话充分说明了细节的重要性。只注重大的方面，而忽视小的环节，放任的最后结果就是"千里之堤，溃于蚁穴"。海尔能够创出世界知名的国际品牌，其企业管理从未放弃过小的细节——细致到工厂的一块玻璃、一棵树木。

德鲁克在《卓有成效的管理者》一书中说："管理好的企业，总是单调无味，没有任何激动人心的事件。那是因为凡是可能发生的危机早已被预见，并已将它们转化为例行作业了。"企业经常面对的是看似琐碎、简单的事情，却最容易忽略，最容易错漏百出。

许多国外的企业已经认识到细节的重要性，从细节入手，得到了很大的回报。上海地铁一号线是德国人设计的，看上去没有什么特别的地方，直到中国设计师设计的二号线投入运营，有了比较后，才发现了一号线许多细节处理的良苦用心：一号线每一个出口处都设计了三个台阶，要进地铁口，必须踏上三级台阶，然后再往下进入地铁站，因为德国设计师注意到上海地势低，设计三个台阶就把雨水倒灌的问题解决了。一号线出口处都设计了一个转弯，看起来也是多此一举，二号线就处理成直行，但就是一号线的这个转弯细节，让冷暖气节省了很多，降低了很大的运营成本。这很简单，甚至"没什么了不起的"，但是人家就能想到、做到，而我们还没想到。

从产品的角度来说，现在的产品竞争重要的一环就是拼细节、拼质量。大家都是同样的产品，你没有细节，消费者凭什么去购买你的产品。以苹果旗舰店为例，里面苹果的手机、音乐播放器都是 70 度角摆放，据说 70 度是最吸引人的角度；店内没有一根多余的电线……苹果西湖零售店高达14.5 米的玻璃外墙，上下没有任何拼接，全是专门定制的。这些细节很多消费者并不能注意到，但是当你走进店内时就会感觉明亮、干净、整洁，并且与其他品牌的店有明显的差异，很与众不同。

这就是细节的力量，有时很不起眼，却决定一切。

第六章

谈创新：不按常理出牌的赢家

· · ·

Capita 6

1. 创新始于"思想超前"

2008 年深圳大学 25 周年校庆中，史玉柱作为深圳大学校友登场，史玉柱在报告中说，20 年前在深大读研时，他听了一个讲座，感觉今后市场经济将是主流，就开始琢磨毕业后下海经商的事，而不是回原来工作的统计局。"这种转变同深大整个环境熏陶有关。深大是处于全国改革开放最前沿的大学，思想超前，对学生影响很大。"

史玉柱的超前思想来自改革开放的窗口深圳，当时的深圳掀起一阵阵创业浪潮，史玉柱说他在没离开学校之前就已经下决心创业了。

史玉柱自述如何创新："巨人网络进入网络游戏市场的时候，市场已经被几大家占据了大部分市场份额。但是巨人网络进入的时候，我们采取了免费模式——当时的网络游戏公司基本上采用的都是时间收费模式。这样以玩家需求作为原动力来做，尽管没有把创新作为一个口号来提，但是做一段回过头来发现，我们有很多地方有创新，罗列的话《征途》可以有上百项的创新。这是我对创新的理解，我觉得我们很多创新是在不经意间创新的。"

免费模式很简单，但却是很创新，史玉柱创业一路走来，一直保持创新之举，因为他的思想超前，总能看到一个行业四五年后的形势。所以他无论做什么都保持着一种领先的姿态，无论是脑白金还是网络游戏，史玉柱的前瞻性为他带来了非常大的效益。

要比别人看得远，这就是创新。现如今那些赫赫有名的大企业家，你会发现他们好像永远都比别人看得更远，从事的行业一度不被人理解，却最终改变了世界。当马云在美国第一次见到互联网的运用时，他甚至在互联网上找不到有关中国的任何消息，他当时就意识到互联网将影响人类生活的方方面面，回国后正值中国互联网接入世界，马云创办了中国黄页，成为中国大陆最早的互联网公司之一，这足以证明马云非凡的前瞻力。

马云给人的印象就是个子不高，看得极远。阿里巴巴自成立起就以战略布局出众，淘宝网、支付宝、天猫等每一次动作都引起市场变革，而每一步出众的战略考量都是马云早就构思好的，然后经过周密部署、运作，等到完全成熟后推入市场，往往能够获得成功。

在浙江企业商会大会上，马云在演讲中跟大家分享道："我们做企业，在中国这样的环境中，一定要思考十年以后的事情，如果你做任何事情今天做，明天就想赢，这个机会已经不多了。这样的机会为什么轮到你？你没有这样的机会。只有对未来经济进行预测、设想，找到未来我们应该做些什么事情，才有可能有机会。"

创新比的就是谁的眼光更长远，比别人多看一米可能看到的东西就不一样，采取的措施就不一样，最终的结果也就不一样。从来没有史无前例的创新，有的只是在现有基础上的突破发展，这就是所谓的微创新。乔布斯在发布第一代iPhone前，全世界所有的手机都是小屏幕带着数字键盘，也有一些智能手机是大大的屏幕，但是体验极差，乔布斯似乎看得到未来一样，他力推以手指的滑动、点击的触控屏操作，为手机赋予了新的形式，如今全世界几乎所有手机都成了这个样子。

美国时间 2015 年 12 月 21 日，美国太空探索技术公司（SpaceX）在佛罗里达州卡纳维拉尔角空军基地发射 Falcon9 火箭（"猎鹰 9 号"），并在火箭升空后 10 分钟成功将第一级火箭回收，这是人类第一个可实现一级火箭回收的轨道飞行器。火箭回收意味着火箭可重复使用，从而大幅降低火箭发射费用，廉价太空时代即将到来。该公司创始人马斯克更被国人熟知的身份是特斯拉电动汽车创始人。马斯克的研究方向一个是可回收廉价火箭，一个是纯电力汽车。

马斯克看得比较长远，未来电动汽车一定是占主导地位的。马斯克希望彻底改变全球汽车行业，人类将因此飞跃进入可持续的能源未来。他最经常被拿来比较的还是史蒂夫·乔布斯，因为他们都打破了庞大的、长期停滞的传统行业，给了用户前所未有的东西。

对于企业或者一款产品来说，具有前瞻性的创新是其持久的王道，企业的领导者要有超越业内以及普通消费者的远见，通过不断地创新，让用户持续地保持新鲜感，企业才能够长久。

2. 不跟风，创新是企业家必备的素质

史玉柱曾经说过："中国大量有钱的老板如果玩游戏，他们在什么情况下会大量地花钱，然后以这个目标来设计游戏。"因此《征途》在游戏设计上的定位就是那些有钱的玩家，只要花钱多就能获得更好的游戏体验。至于为数众多的其他玩家都属于龙套角色或群众演员，他们存在的目的就是让有钱的玩家觉得花的钱更加物有所值。按照史玉柱的话来说就是"养100个人陪1个人玩"。

在史玉柱主导设计的《征途》游戏中只有两类玩家，一类是有钱人，他们有钱到花几万元买一套虚拟装备可以连眼睛都不眨；另一类是金钱并不充裕的玩家，如二三线城镇里无所事事的青年，钱虽不多，但每天有大把大把的时间不知如何消磨，甚至还希望通过网游去挣钱。《征途》所做的事情就是通过合理的模式把这两类玩家聚集到同一款游戏中，并且各取所需，乐此不疲。

史玉柱开创了免费大型网络游戏的先河，同时又开创了在免费中收费的先河，他的游戏对于广大玩家来说是免费的，但是对于一部分有钱人来说，可以在里面花钱。这就是

史玉柱的创新，看上去很简单，甚至很不起眼，但是史玉柱可是充分洞悉人性后才得以创新的。他抓住了一部分人的本性，既能通过免费策略吸引越来越多的玩家，又能使真正有钱的玩家心甘情愿地掏钱。

做企业跟风必死，跟风就意味着落于人后，是业界的模仿者，别人做什么你才能跟着做什么，而且往往还学不像。以最简单的例子来说，你现在找投资做可乐，或者做网上商城、做搜索引擎，十有八九会失败，除非你找到只属于自己的模式。否则该喝可乐的还是喝可口可乐和百事可乐，网购的还是用京东、淘宝等商城，搜索东西的还是用百度、谷歌。

马云开创的支付宝是非常创新的。2003 年，在淘宝网诞生刚刚半年的时候，其注册用户就超过了 30 万，月交易量2500 万元，对于这种新兴的网站，这是一个相当不错的业绩。但是通过调查，马云发现很多用户知道网上购物的优点，但他们担心网络支付的安全性。于是，为了最大限度地避免欺诈行为的发生，淘宝在中国第一个推出了确保网络交易安全的产品——支付宝，通过跟国内主要银行以及相关部门的合作，买家将货款打入淘宝网提供的第三方账户，确认收到货物之后再将货款支付给卖家。让网络交易真正变得"天下无贼"。

这就是马云的创新，他以开创性的方式打造了一个极佳的信用平台，为自己的商城流量猛增奠定了基础。根据阿瑟·D.利特尔的一份调查，约有四分之一的首席执行官认为，他们的企业具有获得成功所需的足够的创新精神。但是创新并不是简单地拿出不一样的东西，创新是一个系列的过程，首先最重要的就是引领创新的人一定要有一个不跟风的思维。

2015年，李开复在一个论坛上发表演讲，李开复讲道："一定要谨慎不要去跟风，有很多创业者都会比较同质化地说什么最火就跳入什么样的领域。这个现象其实是很危险的，尤其是对小的创业者来说，如果创业者都在谈这个，当巨头都已经介入的时候，这时候作为一个小创业者你处于的地位是非常严重的劣势。"

北京中坤投资集团有限公司董事长黄怒波在一个论坛上演讲："企业家就是负责创新的。当企业家一旦不创新的时候，像我们守成的时候就不再是企业家了，你就是商人，因为你不再创新了。"

发扬创新精神离不开少数"敢吃螃蟹的人"，有时候创新能打开一个时代的先河。1760年，伦敦的150名股票中间商在咖啡馆自发组成了一个俱乐部买卖股票，1773年该俱乐部更名为股票交易所，这是伦敦证券交易所的开端，开启了全世界崭新的模式。马云、史玉柱虽然没有重大的科学发现，却创造了新的商业模式和商业奇迹，他们用创新为自己的企业赢得了一席之地。

跟风者永远都要落于人后，与其在别人的背后邯郸学步，不如另辟蹊径，走出一条自己的道路来。创新企业家要对改变持一种欢迎而非抗拒的心态，时刻有创新的思维，分析行业里尚有哪些不足之处，找准方向再创新。

3. 破坏游戏规则的高手

在一个圈子里，有规则的制定者，就有规矩的打破者，史玉柱明显是后者。他的经商之路就是一条不断打破规则的路。相对于游戏规则建立者而言，游戏规则破坏者更需要专业能力，而史玉柱便是这样一个破坏游戏规则的高手。与以往专业营销者不同的是，史玉柱的专业化表现在对中国农村市场的洞察上。

比如，史玉柱在做脑白金的广告时，提出的口号"今年过节不送礼呀，送礼就送脑白金"，实际上就包含了几种切实的需求：肠道、失眠、不愿自己买。而史玉柱的另一网络品牌《征途》则对这部分人的吸引更为直接，因为它有两大撒手锏：免费游戏和发工资，吸引了那些有时间的穷人、学生、二三线小城镇里无所事事的青年。

另外，在中国的农村市场，有两大难题比较难解决：高效率和低成本。很多企业经营者采取的策略，要么是"高效率，高成本"，要么是"低效率，低成本"。但是史玉柱采取的方式却是采取低工资高提成、销售经理附带信用担保等策略。史玉柱非常善于利用销售提成，在脑白金时代，他只给省级办事处的经理、副经理发工资，其他人的工资，每卖一箱，提成4%，用这4%给其他人发工资。

尽管企业创新需要持续不断地学习，但学习只是一个基础，最终要做到的还是整体思维上的改变。如果思维不能从以往陈旧的观念上取得突破，那么企业的经营模式就永远只能处于模仿的地位，不可能超越自己的模仿对象。

对于很多新兴企业而言，破坏性的创新如今已经成为了企业击败强大竞争对手的主要捷径。很多中国企业就是靠着这种反传统的破坏性创新大获成功的，比如，史玉柱在做其品牌推广时，就有很强的反传统性。

事实上，企业只有善于打破传统产业藩篱，改变僵化的思维模式，敢于创新经营理念，多为消费者提供个性化的产品和服务，这样才能赢得消费者喜爱。当然，仅仅建立新的游戏规则也是不够的，能不能在新规则建立后，完全按照规则办事，也是能否成功的关键。

当年，格力空调之所以能够成功，不仅仅是因为董明珠进行的渠道创新。毕竟，如果产品的技术创新跟不上，渠道创新所带来的好处也只能是有限的一段时间。伴随着董明珠渠道创新的，事实上是格力空调的技术创新。这是一个同步进行的过程，假如没有格力投入大量的人力物力进行技术开发，再优秀的渠道也不可能让格力空调做到行业龙头的地位。

因此，任何一个企业如果不想让自己的经营模式在与时俱进的时代潮流中故步自封，那么就应该努力地学会打破"游戏规则"，通过对市场的研究和观察，制定出一套符合自己理念的规则，这样才能真正成为规则的主宰人。

2002 年，中旺集团创始人王中旺脑海中一直反复出现的问题是"怎样才能击败强大的竞争对手"。最终，通过一番绞尽脑汁的思考，王中旺选定了中旺集团的新战略突破点："非油炸"，也就是后来的"五谷道场"新型改良式方便面。

2005 年 11 月，五谷道场在央视一套打出"拒绝油炸，留住健康"的广告，一下子引发广泛关注。因为"非油炸"这个词不仅颇有想象，而且也有反传统的破坏性。尤其是对于注重健康，害怕肥胖的女性群体来讲，这个广告很显然有很大的吸引力。果然，在五谷道场投入市场不久，便迎来了首次的大战告捷。毕竟在油炸型方便面占领市场多年的情况下，这是首个以"健康"为理念而推出的"非油炸"方便面，因此受到了不同消费群体的喜爱。

在商业模式设计上，王中旺采取的是与"史玉柱"类似的策略：打破游戏规则，进行破坏性的创新，显然取得了成功。尽管如今的"五谷道场"因为多种原因而开始走下坡路，但是至少在当时的品牌传播上，王中旺的反传统模式是成功的。

美特斯邦威有一句广告语叫："不走寻常路。"对于目前大多数企业来说，如果想要在经营理念上创新，那么也要遵循这一特点。尽管有些时候，打破陈旧观念可能需要有一定的付出，但是如果不能将过去"打碎"，又如何能够研究出新的模式呢？

每一个企业经营者都要做一个善于破坏游戏规则的高手，这个"破坏"不是让你成为行业内的"公敌"，而是要求你用智慧的手段来为自己的产品染上更加光鲜亮丽的色彩。就像 360 董事长周鸿祎说的那样："一个创新的企业，它起来一定不能按照市场里已有的成功企业的模式，所谓颠覆式创新是想办法破坏已有企业的游戏规则，但有一个原则，是否给消费者创造了利益，这是推动商业文明的一种动力。"

4. 免费模式大家都在用，就再造新模式

2010 年，史玉柱接受《金融时报》记者采访，当记者问及："当免费模式还是市场主流的时候，你为什么还要进行全面革新呢？"

史玉柱答道："免费模式现在大家都用了，我们的商业模式曾经的创新竞争力就没了，所以要继续创新。经过我们研讨，我们目前制定的战略就是模式再造，这个革新重点要向非付费玩家全面倾斜。所以我们就提出一个口号，得非人民币玩家者得天下，我们就以这个作为我们的基本指导思想

来进行探索。例如《绿色征途》，就是让非付费玩家有'钱'花，官方不再出售道具、装备和材料，玩家可以自己制造，并相互交易，非付费玩家可以通过制造材料，并出售给其他玩家获得利益。"

2006 年，史玉柱推出的《征途》免费模式在极短的时间里，就为史玉柱贡献了 4000 万元的营业收入。有一些人不理解：免费是如何获得超高利润的呢？原来，"免费模式"并非完全免费。在这种模式下运营的游戏，允许玩家不花钱就能游戏，但是，游戏提供的很多增值服务是收费的。而这些服务，往往让玩家在使用后欲罢不能。于是就产生了所谓"人民币玩家"。

在史玉柱的游戏中，"人民币玩家"是指那些使用人民币加快游戏进度、获得更多特权的玩家。在以前的收费模式中，也有所谓"人民币玩家"，不过是特指那些花钱在线下购买特殊虚拟装备的玩家。而免费模式则将"人民币玩家"的人民币转移到了线上，直接向游戏运营商付费。

在网络游戏行业，收费游戏和免费游戏最大的区别就在于，免费游戏不仅要设计丰富的玩点，还要设计丰富的"收费点"，通称增值服务。为免费模式专门设计的游戏，设计了大量的这样的收费点，降低了每一项服务的单价（可能就是一分钱一次），也不会出现严重影响游戏平衡性的设计，所以，易于被玩家接受。

雷恩在其《管理思想的演变》中曾经说道："今天不同

于昨天，而明天又将不同于今天，但今天是我们全部过去的一种协力的结果，明天也将是这样。"

在如今这个多变的年代，变是永恒的不变。任何已有的和常规的管理模式都将被创新的管理模式所取代，管理创新才是管理的主旋律。因为对一个企业来说，创新就意味着不断地进取。当企业能够从传统模式中突破出来时，那么就一定能够在激烈的竞争中占据主导地位。

社会在不断地发展，企业管理模式也应适应社会的需求，对竞争市场不断的变化进行创新。当然，企业想要创新就需要学习新的知识，摆脱固有的思维模式，要接收来自不同地域的文化，将那些积极的文化进行整合，融入自己的企业管理中。

20世纪80年代中期，新西兰政府开始放松管制，预备开展新经济体制改革。当时新西兰力拓公司的总负责人保罗·斯金纳一边推广业务，一边将目光放在了新西兰各政党对石油、石化行业的看法和意见上。保罗·斯金纳不断设想可能发生的变化，并为其制订了应急计划，包括事先与欧洲股东商定了融资金额，以防政策随时发生转变。

果然，当商业环境发生变化时，力拓比大多数竞争对手更为迅速地采取了行动，加强了壳牌的市场地位。对此，保罗·斯金纳的经验是："您最好保持对商业环境的关注。一旦机会来临，迅速调整业务模式并抓住机遇。"

很多时候，企业的再造实则就是一场管理的革命，企业需要从组织到文化对其进行改变，这样才能从众多的企业竞争者中脱颖而出。当企业适应了社会的发展需求，并且有了能够适应市场不断变化的条件时，企业才能更好地发展。

5. 先抄袭再优化

在做《征途》的时候，史玉柱曾经对自己的员工说过："别人有什么好的东西就直接拿过来抄，不要不好意思。但是抄完了并不是工作就结束了。天龙的老板就说，我的宝宝系统我不怕别人抄，你什么都能抄，但我的数值你抄不了。"

"我们不合适的策划怎么做呢？把形式抄过来，把数值一填就觉得抄完了。天龙的老板说，数值如果不是精确到千万分之一，我的宝宝系统根本出不来。所以抄也不是那么容易的。所以我觉得抄首先是抄来之后的优化，一定要超过人家，一定要在细节和数值上各方面都优化。如果你抄得和对方差不多甚至差的时候，特别是差的时候，人家一定会说，你们抄得真恶心。但是如果你超越了对方，别人就不会说你抄了。"

在研发网游的过程中，史玉柱曾经说过："成者为王败者为寇。"在他的眼中，抄袭不但要脸皮厚，还要发展和优化。尤其是对于一些中小企业来说，能够存活下来是关键，这就意味着企业每走一步都要将风险降到最低，而最保险的方式就是"借用"他人的东西。

有趣的是，当别人抄袭史玉柱的时候，他却不以为然，他认为别人抄袭自己只是自己的"盗版"，因为主动权永远在自己手中。在史玉柱的眼中，抄袭没什么不好，关键是你能否将之"借用"过去后，再优化转换为自己的模式。如果单纯只是"抄袭"，那么永远都只能做他人的"尾巴"。

"抄袭"其实是企业间的一个常态，其实也没有抄袭这么严重，只不过是看你在做我也做而已，比的就是谁能做得更好。"抄袭"对于企业来说也是一项"技术活"，"抄"得好，你就能在市场中胜出，"抄"得不好，则有可能永远没有翻身的机会。当然，将他人的成功学来作为自己发展的基础，这是中小企业最初站稳市场的最简单也是最为有效的生存方法。然而，"借用"只是巧妙掌握他人的精髓部分，"借用"的最高境界则是超越。观看如今中国的互联网，不论是百度"抄袭"谷歌，还是人人网的Facebook模式，几乎每种互联网商业模式在国外都有根可寻。然而，每种商业模式"抄袭"成功的背后都有着不同程度的再创新。

西班牙创建的"ZARA"品牌不仅在世界上相当有名，而且上到知名模特，下到平民百姓，都十分认可"ZARA"的服饰。然而让人意想不到的是，"ZARA"品牌公司根本的理念则是"抄袭"，"ZARA"分布于全世界的"买手模式"，更让人看到了其内部强大理念之所在。

在"ZARA"公司的内部，一共拥有近400名"买手型"

设计师。他们通过散布世界各地的买手，"抄袭"街头时尚和国际顶尖品牌。因此，"ZARA"永远在第一时间把握流行趋势。通常，一些顶级大牌的最新设计刚刚摆上柜台，"ZARA"就会迅速发布和这些设计非常相似的时装。这种高效的"抄袭"与快时尚的消费理念成就了"ZARA"全球排名第三、西班牙排名第一的服装商地位，使之成为快速时尚模式的领导品牌。"ZARA"声名显赫，利润丰厚，可谓是"名利双收"。

对于一些后进的企业来说，要想超过竞争对手和行业标杆，模仿是迅速与之拉近距离的有效途径。毕竟在如今这个一切讲究速度的时代里，要想从众多的行业竞争者中脱颖而出，那么就要有灵活多变的头脑抢占先机。

再以国内知名的"抄袭"公司腾讯为例，腾讯其实采取的策略就是你做什么我就做，但我比你做得更好。腾讯 QQ 比 ICQ 等软件晚，但是 QQ 本土化更强，更贴近国人使用习惯。2003 年联众是世界上最大的休闲游戏平台，月活跃用户1500 万，然而当 QQ 游戏横空出世之后，就对其进行了迅速超越，因为 QQ 游戏体验做得比联众好，其页面更精美，能自定义用户形象，相反联众角色形象定义要收费，否则就是个空白，背景丑陋，又有很多广告，所以 QQ 游戏胜利是必然的。

再以微信为例，微信在诞生的第一年更新了 11 个版本，基本上一个月一个版本，每个版本都带给你最新功能，包括语音对讲机、查看附近的人等，永远保持着对竞争对手的领先。其实，多关注竞争对手能学到很多东西，特别是优秀的竞争对手。毕竟当企业处于弱势之时，向对方学习，然后进行超越，这才是企业真正的智慧之处，这些不仅仅是捷径，更是一种智慧。

6. 农村市场需要独特的商业模式

美国一位杰出的思想家史坦利·阿诺德曾经说过："每一个问题都蕴含着解决的种子。"他强调了一件重要的事情，就是每一个问题内部其实都蕴藏着解决之道，就看你是否能够找得到而已。

在史玉柱的眼中，中国的农村市场，可以说是昂贵的最后一公里。要想在这个市场中找到可以盈利的门路，那么不光是要结合农村市场的旧模式来思考，更要用一种全新的方式来刺激农村市场，让其充满活力。

在全面推广网络游戏《征途》的过程中，如何攻克农村市场的这最后一公里，是史玉柱一直思考的问题。在史玉柱之前的那些网游企业，几乎都没有想到农村市场的商业价值。可是史玉柱从操作脑白金的经验中得出这样的结论，农村市场才是一个更加巨大的利润来源。

史玉柱凭借创新模式的智慧，使得《征途》这一款在内测期间即宣告盈利的网游新秀，2007年第一季度收入便超越第九城市，以4.8亿元的营收和15.6%的市场份额首次冲进前三位，仅次于盛大和网易，成功实现了对网络游戏行业的区域颠覆。

商业模式应该有两个概念：一个是大概念，即企业从事经营活动的所有方式、方法，也称经营模式。如专业化和多元化，产业经营与资本经营，国内市场与国际市场等，人们把这些统称为商业模式。另一个是小概念，即商品流通模式。

传统农村商业模式用一句话概括之，就是各级供销社统购统销的模式。它是传统的城市"国商"模式在农村的翻版。然而，在这个信息发达的经济时代，要想打破这种传统供销的模式，就应当改变商品流通模式，将城市的专业化与多元化也带入农村当中去，重视农村市场的渠道发展。

沃尔玛超市在全球如日中天，然而造就沃尔玛早年成功的最重要的一个因素便是它营销当中的地点定位。可以说，沃尔玛的最初起步便是以大型零售企业形迹罕至的农村和乡镇市场为基础的，那个时候沃尔玛最为主要的服务区域便是乡镇与农村。

这种以农村市场为主的营销定位战略，在执行初期，是极其容易被对手模仿的，但同时也很容易被对手忽略。然而，一旦这种地点选择战略付诸行之有效的实施，它就很难再被对手成功地模仿。那时，沃尔玛在它的初始运作空间已经形成牢固的垄断地位，在每个乡镇市场中达到了规模经济，从而对后来潜在进入者制造了障碍和壁垒。沃尔玛在不断扩张中学到的经验和技巧也使得它的店址选择和店铺开发能力成为它的一大竞争优势，更使得它能够顺藤摸瓜，快速占尽美国大陆几乎所有适合进入的乡镇市场。

随着新农政策的进一步开放，如今中国的农村市场已经得到全面更新。各类中小企业在发展农村经济中，往往具有举足轻重的作用。然而，部分企业对农村市场的营销认识不够，竞争意识缺失，长期以来，没有主动开拓市场的意识。

事实上，农村市场是最有潜力开拓的市场之一，因为乡镇企业的发展活力往往不可低估。中小企业应当牢牢抓住农村市场的发展规律，拓宽农村市场的发展渠道，根据不同区域内的经济状况，制定出更加适合企业开拓农村市场的方案。

另外，农村消费结构的升级对销售消费品企业而言，可能意味着新的市场细分和新的市场定位，而规范高效的营销渠道必须应运而生。企业在注重农村市场细分和目标市场选择的同时，要把建立适应农村消费者购买行为和产品特点的营销渠道作为开拓农村消费品市场的重点。

如今，农村消费观念和需求会发生相应的变化，城乡市场之间的差别正在逐步缩小。企业应当抓住此次机遇，以农村市场需要的独特的商业模式为基准，这样必然能够取得区域性的成功。

7. 慎重进入红海市场

在营销学中，现存的市场由两种"海洋"组成：即"红海"和"蓝海"。"红海"代表现今存在的所有产业，也就是我们已知的市场空间；"蓝海"则代表当今还不存在的产业，这就是未知的市场空间。

在"红海"中，每个产业的界限与竞争是十分激烈的，因此"红海"的游戏规则就是弱肉强食，一剑封喉。对于小企业来说，尤其是刚刚打算进军市场的企业，在选择红海市场时一定要谨慎，否则你就会是那个等待被吃的"虾米"，一旦进入这个"旋涡"，轻易就会被强大的竞争对手吃掉。

2003 年，史玉柱一边观察保健品市场，一边在闲暇之余，开始关注自己的另一个爱好——游戏。那个时候，史玉柱最爱的是盛大出品的游戏《传奇》，而正是这个游戏，让史玉柱又一次清醒地意识到了他想做的另一个事业中最大的卖点——装备。

史玉柱找来专家咨询，主动拜会一些行业的主管领导，目的就是弄清楚网络游戏市场究竟会不会萎缩，最后得出的结论是，至少在 8 年或者更长的时间里，网络游戏的增长速度会保持在30%以上。这让史玉柱越发认识到网络游戏才是他事业真正的归属所在。

2004年，当网络游戏这杯甜羹已经被瓜分得差不多，并且在绝大多数行业专家，有关传媒不太看好这片环境的情况下，史玉柱却执意率领着"征途战舰"起航了。史玉柱在做过非常谨慎的思考与调研之后，迈着步子驶入这片"大红海"。

如果说史玉柱无论做脑白金还是做征途时最为擅长使用的是"农村包围城市"，那么在做这两个市场时去第一线了解最真实、最详尽的资料，从而通过感性认识、理性分析，梳理形成自己的一套方法，则充分说明了史玉柱在进入"大红海"时的充分考虑和谨慎态度。

史玉柱曾经说过这样一句话："如果没有价格上的优势与技术上的绝对优势，千万不要进入红海市场，否则你会必输无疑！"在红海中，生存已然不是唯一的目的，更重要的目标是：打败竞争对手。

对于一些刚刚进入市场的弱小企业来说，如果茫然地将自己投入这片竞争凶猛的海域，并且在资本都准备不充分的情况下，那么就很可能被吞噬掉。因为在红海中，每一个企业每一天都在拼命地战斗，尽管每挺过一天，就离成功更近一步，可是成功的概率越大，伴随而来的风险也就越大，而这些都不是弱小企业所能承受的。

因此，弱小企业不妨将目光投入无人争抢的市场空间，在相对温和的"蓝海市场"中，只要你能超越竞争对手的思想范围，开创新的市场需求，开创新的市场空间，那么你就一定能够开创出属于自己的新空间。

1999 年 3 月，TCL 刚刚进军手机行业时，国内外品牌正在酣战，市场接近饱和。试想，刚刚进入手机市场的 TCL，要想在这片竞争凶猛的"红海"中取得成功，能有什么机会呢？

然而，TCL 十分聪明，它避开了选择"红海战略"，而是选择了另外一条"蓝海战略"：通过产品概念的创新挑战国际品牌，轰开市场大门。当时，时任 TCL 移动总经理的万明坚开发了一款镶钻石的手机。这个开发曾遭遇到许多人反对，包括董事长李东升，毕竟这个闻所未闻的案例看上去实在有些不可思议。然而，由于当时的境况特殊，无奈之下，TCL 不得不与希望进军手机领域的国内企业合作进行钻石镶嵌手机的技术攻关研究。

经过一年零五个月的艰苦研发，2000 年 10 月，钻石手机项目经理汪开龙和他的团队终于盼来了第一款钻石手机——TCL999D。值得高兴的是，这款手机得到了广大消费者、经销商的热捧和推崇。手机与钻石、现代科技与传统文化的完美结合，让这款售价高达 1 万多元的 TCL999D 成为了人们心中成功、爱情、永恒、吉祥的象征，也让 TCL 作为手机新军在业内外一炮打响。

"蓝海市场"代表着亟待开发的市场空间，代表着创造新需求与高利润增长的机会。尽管有些"蓝海"完全是在已有产业边界以外创建的，但大多数"蓝海"则是通过在"红海"内部扩展已有产业边界而开拓出来的。

对于一些中小型企业来说，要想真正地融入市场，并且分得一杯羹，那么就一定要结合自身情况先考虑好自己现下的境况，不要茫然地进入竞争激烈的"红海市场"，否则只会是羊入虎口。因此，企业一定要分析好当前的竞争态势和已有产业的条件，然后才能循序渐进，经过谨慎考虑后再做决定。

在一片"红海"之中，意味着残酷的竞争，尤其当你作为后来者进入别人领域时，更要小心谨慎，因为每一步都可能面临领域里最强的对手。

第七章

谈营销：成功源于对消费者心理的准确把握

· · ·

Capita 7

1. 在公司，我一般只抓市场调研

2003 年，史玉柱驾驶着自己的奔驰一边游山玩水，一边做市场调研。当史玉柱在南京花了几个月的时间再一次重温了"太平天国"之后，他发现，地处江苏南部的江阴实在是一块不可多得的宝地。

熟读兵法、历史的史玉柱从来不打无准备之仗，他来到江阴是为了做市场调查，在那段时间里，史玉柱戴着一副墨镜，天天跑药店、跑农村，与药店老板、未来消费者们充分地交流，当地几百家药店他几乎都跑过一遍。另外，闲暇的时候，史玉柱就搬个板凳坐在院子里跟一群老头老太太聊天。在交谈中，史玉柱开始了市场调查。他问这些留守的老人最多的几个问题就是："你吃过保健品吗？""如果可以改善睡眠，你需要吗？""可以调理肠道、通便，对你有用吗？""可以增强精力呢？""价格如何，你愿不愿使用它？"

通过总结各方问题的答案之后，史玉柱敏感地意识到这个市场里存在很大的商业机会，只是没有被开发出来，于是，他对大家信心十足地说："行了，我们有救了。"

离开江阴，史玉柱走遍了大陆的几乎所有省市，对于保健品市场的了解基本上到了无人企及的程度。史玉柱说："我在我的公司只管一件事——市场调研。抓住关键环节，重点抓好市场调研。"史玉柱认为，初创企业能否成功，在很大程度上取决于每一个创业者在事前对企业市场前景的调查、策划、运筹等准备工作。好比站在有很多分岔路的路口，如果之前没有考虑清楚而选择了错误的道路，之后走得再快也只不过是离悬崖越来越近。

有效的市场调研不仅能够帮助企业正确认识目标市场的需要，挖掘潜在的市场，而且还能够促使企业比竞争对手更快速地反馈目标市场，更有效地传送目标市场所需要的东西。

史玉柱曾经说过："我培养了一支队伍，他们必须下市场，我要求他们每个月必须至少跟100个消费者进行深度交谈。必须本人拿着产品上街推销，推销不出去就罚钱，卖掉了就作为奖金。这就逼着他们在推销的过程中去完善他们的（销售）说法。一旦他们的（销售）说法见一个消费者就成功一个，就把他们的话总结下来，变成广告。我的策划从来都是到市场里面去，从消费者那里学来的。"

由此可见，市场调研不仅可以让企业获得第一手的有效信息，而且还为企业改善内部产品管理起到非常好的作用。在如今这个信息化泛滥的时代里，从市场调研中得出的信息与结论，才是最为准确与可靠的。

市场调研的重要性不用多说，重视市场调研的企业都在竞争中获得了先机。报喜鸟公司成立后，迅速地打开市场成了公司的重中之重，国内西服市场竞争激烈，国际知名品牌

如 BOSS、杰尼亚占据高端；国内知名品牌如雅戈尔、杉杉
处在中端；一些区域性品牌占据低端。经过调研人员的一番
调查后，报喜鸟老总吴志泽认为："男性进口名牌服饰优选
的面料、新颖的款式吸引了高收入群体，但是中低收入群体
无力购买，而国内一些实力雄厚的名牌产品则以一流品质赢
得了自己的消费者群体，但在色调选择和款式变化上仍难以
满足中高收入阶层中追求时尚的男性消费者。"于是报喜鸟
便进入少有人涉足的两千元档的中端市场，并请了任达华来
代言西服，结果一炮而红。

美国吉列公司创建于 1901 年，是百年剃须刀品牌了，
吉列公司突然在 1974 年提出了面向妇女的专用"刮毛刀"。
这看似荒谬的策略是基于严谨的市场调研上提出的。吉列公
司用了一年的时间，发现美国 30 岁以上的女性有 65% 的人
为保持美好形象，要定期刮除腿毛和腋毛。这些妇女之中，
除使用电动刮胡刀和脱毛剂之外，主要靠购买各种男用刮胡
刀来满足此项需要，一年在这方面的花费高达 7500 万美元。
相比之下，美国妇女一年花在眉笔和眼影上的钱仅有 6300
万美元，染发剂 5500 万美元。毫无疑问，这是一个极有潜
力的市场。

于是，吉列公司精心设计了全新产品，样式与男性刮胡
刀类似，但是刀柄采用的是多彩配色，甚至还有印花图案。
连带推出的广告都是突出"完全适合女性需求"，以及表明
产品使用安全的"不伤玉腿"等。这类刮毛刀一经推出，立

即畅销全球。

每一个企业在行销产品的过程中都应该有知难而进的思想准备，又要着手进行丰富的实战准备。如果没有进行事先周密的市场调查就一味地跟进投入，并且靠直觉来做事，那么不但不切合实际，而且也会耽误产品的最终进程，从而导致失败。企业想要策划一个成功的产品，就要比消费者还了解消费者，比经销商还了解经销商，知道他们最想要的是什么，这样选定的目标才能一下子"击中"他们。

2. 把用户体验放在第一位

史玉柱的名片上印了三行字：董事长兼 CEO、首席体验官、高级专家客服。史玉柱把消费者放在第一位，他的产品都是围绕着消费者打造的，在用户体验方面上，史玉柱在国内商界无人能出其右。

史玉柱为了第一时间收集到真实的游戏体验，他就自己每天 15 小时泡在游戏里，当然史玉柱本人也是个游戏迷。玩的时候发现哪个地方不好，连夜把技术人员叫起来，随时修改。史玉柱在游戏里不只是玩，更多的是跟里面的玩家聊天，问对方有什么满意的、不满意的、需要改进的，史玉柱至少跟 2000 名玩家沟通过。除此之外，史玉柱还"逼"着团队里的员工也玩游戏，他发动了公司所有的员工来一起玩游戏，这不仅充分利用了企业的现有资源，还可以通过员工玩过游戏之后的感受来预测用户的感受，通过对此的模拟实验，一次次对游戏进行改进和调整，最后上线的游戏就更能符合用户的需求，从而达到吸引用户的目的。也正是因为一次次的模拟实验，一次次的改进，才能让史玉柱做出最好的游戏，通过游戏来为用户提供最好的服务。

有人说用户体验是产品之魂，最好的产品使用起来简单、简单、再简单而又能产生出蒙太奇般升华效应，企业永远要把用户体验放在第一位。从某种程度上来说，用户不是买产品，而是买产品的期待值，即因使用、消费产品而获得的综合体验。所以产品和服务的本质是用户满意度。用户购买以满意度为衡量标准的用户体验。同样是一类产品，有的用着就让人觉得舒服，有的就差点意思，这就是用户体验的差别。

产品自设计之初就应当以用户为中心，普通大众的观念、习惯与企业里的工程师和设计师不同，工程师们设计一款产品自然有他们的道理，但往往到了普通消费者那里，一些体验并不是大众想要的，尽管那个设计很好也毫无用处。

对于一个企业来说，只有你满足了用户的需求，用户才会满足企业的需求，所以企业想要提高营业额，就一定要提高用户体验度。特别是对于互联网企业来说，在做网站推广的时候，一定要走到用户中，关注用户的感受，分析用户的信息，满足用户的需求，只有这样才能使企业获得成功。

诺曼在《设计心理学》中有这样一句名言："用户是没有错的，如果用户在使用某物品的时候遇到麻烦，那是因为设计出了问题。"用户都是特别忙，特别没有耐心的人，当产品的体验稍微不如人意，用户就认为这是产品有瑕疵，甚至要给产品以差评。

产品设计的本质是创造一连串的体验，使用户能够感知到产品的文化、价值和内涵，有人发现具有非凡体验的设计总是能够赢得更多的用户，比如苹果的产品永远都把用户体验放在第一位。在用户体验感被反复强调，用户追求越来越高的今天，一些简要的"舒适""方便"已经不能满足用户，用户们需要更多的惊喜，他们需要一件产品拿在手里不用看说明书就知道如何使用，他们需要在同产品类比中"花相同的钱得到更多的服务"。

产品的竞争实质上就是用户体验的竞争，现在的用户注重的不仅是产品的性能，更加注重的是产品能在体验的回馈上达到什么样的高度，这在市场竞争中是一个非常大的优势所在。

有一些人可能经历过这样的事：当你在注册某个网站或论坛账号的时候，辛辛苦苦地填了一大串信息之后页面跳转时，一排大大的红字告诉你，验证码错误。而当你回到注册页面，再次填了一大堆信息之后，再次提交时，又一串大大的红字上面写着"用户名已存在"时，这让很多人感到不舒服。为此，腾讯迅速地推出了QQ账号一站式登录，帮人解决该烦恼。很多用户都对腾讯的这一做法大加赞赏，觉得非常方便，而且还省下了记很多账号密码的精力。这就是简单的用户体验，一旦触碰到消费者内心的"点"，就能打动消费者。

以用户为中心的设计思想就是一句话：在开发产品的每一个步骤中，都要把用户列入考虑范围——这才能换来用户使用上的愉悦感，形成用户黏度。

3. 谁消费我的产品，我就要把他研究透

史玉柱有一个特点是他喜欢把自己面对的消费者研究透彻，当初史玉柱决定转型进军网游界的时候，他不仅研究市场、研究竞争对手，更重要的是将目光放在了消费者上面。

通过对消费者的调查，他发现收费游戏的模式显然对那些有经济实力却缺少游戏时间的玩家不利，这批玩家的消费能力是最强的，而他们要么是有钱花不出去，要么是将钱投向第三方的代练和虚拟交易市场。为此他在产品开发上发展了新的优势——让玩家参与游戏策划，玩家需要什么功能就设计什么功能。果然，《征途》一经上市，便受到了各路消费者的好评，并且非常成功。

后来当有记者问及史玉柱："汉卡的成功从广告开始，后来脑白金、黄金搭档的广告可谓铺天盖地，现在征途好像

也差不多。大家都说善用广告是您成功的一大关键，您是从什么时候开始认识到广告的价值呢?"

史玉柱却这样回答道:"征途的广告不多。我没有学过广告，当初拿着汉卡，想让人知道，就只能投广告。当初每个字都是自己写的，第一次广告就成功了，自然会投入更多。后来买过一些广告专业书，发现教科书都是骗人的，广告的关键是要重视消费者。"

史玉柱有这样一句名言:"谁消费我的产品，我就要把他研究透。一天不研究透，我就痛苦一天。营销是没有家的，唯一的家是消费者。你要搞好策划方案，你就要去了解消费者。"为此，史玉柱一直都跟公司内部的人强调，要想产品能够更好地打入市场，那么最好的策划导师就是消费者。

史玉柱调研的时候在公园跟老头老太太们聊天，他发现有很多老头老太太实际上并不是买不起保健品，而是不舍得自己花钱，而且有些老头老太太并不是不想吃，其实是在等他的儿子或者女儿买。

由此史玉柱想到，如果要卖脑白金，就不能跟老头老太太说话，要通过间接的方式卖到他们手中，那么真正的目标实则是他们的儿女。而根据中国的传统，给老人送礼不仅是尽孝道，还是传统美德。因此，当天史玉柱回来后就召集大家讨论，这个定位必须要对（老头老太太的）儿子女儿说，不要说得太多，就说两个字——"送礼"。因此，脑白金初期的营销方式，就是根据对消费者调研得到的结论而策划展开的。因为对消费者心理的把握，脑白金一上市便取得了巨大的成功。

企业只有明确自己的主力消费群是谁，才能更好地满足他们的需求，并且在满足他们需求利益点上进行核心竞争力的提升，从而紧紧抓住并不断扩大消费群。如果一开始便对消费者概念模糊不清，只是预测便上市，那么最终只会失败而归。

有句俗话叫把事做到点子上，在营销过程中，如果我们能够将目标集中得更为精确，这样才能确保产品与消费者需求不脱节。另外，弄清楚间接消费与直接消费的群体来源和各自需求，这样才不会打一场无准备的仗。

国外 3D 网络游戏横行市场的时候，史玉柱并没有动摇自己的观念，而是选择了具有中国文化底蕴的 2D 网络游戏。当时有记者在采访史玉柱时问道："面对目前以《魔兽世界》为代表的 3D 游戏的冲击，您为什么还投入巨资去研发 2D 游戏？"

史玉柱回答道："面对目前以最火爆的《魔兽世界》为代表的 3D 游戏的冲击，我认为，2D、3D 各有特长。3D 的特长在动作细腻度，而 2D 的特长在画面、音效。比如《征途》的画面，正是我们几十个人的团队，用一年多时间制作起来的。音效也是特别从好莱坞音效库里购买的。现在看来，3D 游戏并非网络游戏的主流，70%～75% 的网游是 2D

的。与3D游戏相比，2D游戏所代表的是更为广大的玩家群，特别包括电脑配置不是那么高级的二三线城市、县级用户，而用户基础广也是盛大《传奇》和网易《大话西游》成功的重要因素，所以我要做2D游戏的终结者。"

在商界中有这样一句话："先有产品再定位，常常会找不到目标市场。"所有的生产，都要从定位出发，从结果倒推。从卖给谁出发，再决定卖什么，再到怎么卖，再到做成什么样，生产流程，再到用什么样的原料，再到决定成本。

因此，作为企业的领导者，在产品投放市场之前，一定要事先定位，清楚核心消费者，这样当产品投入市场中后，才能既满足消费者的渴求心理，又能让产品产生好的反响与好评，从而拓宽销售渠道。

无论营销的方式如何，"消费者"始终都是营销的原点。每一个营销人一旦偏离这个重心，那么产品的研发、品牌的定位、市场的开拓等就会偏离正确方向，在错误的道路上渐行渐远。因此，史玉柱时常将这样一句话挂在嘴边："搞营销只有唯一的一个词：'消费者'。"

4. 把自己变身为"游戏迷"——搞定用户，先做超级用户

可以说，在网络游戏界，史玉柱是唯一一位玩了二十多年游戏的领军人物，他是盛大公司成名作《传奇》的忠实玩

家。据说，史玉柱在《传奇》里的角色名就叫"收礼只收脑白金"。

在进军网络游戏前，史玉柱对国内网络游戏市场也进行了大量的调研。当时，史玉柱在开发《征途》的过程中花了将近 4000 个小时和 2000 个玩家聊天。在聊天过程中，史玉柱体会到玩家在网络游戏中的各种心理。所以史玉柱认为，《征途》要想在 2D 网络游戏中站立起来，就要给所有这些情绪一种载体，一种释放机制。

据史玉柱说："做网游《征途》时，一天有 15 小时泡在网上，但那并非是无聊消遣，而是充当玩家挑毛病，让《征途》尽可能地完善。"在游戏中，史玉柱与玩家不断地沟通和互动，听取玩家的意见和建议。他也给自己定下了任务，每天要接触多少个玩家，在他们被杀的时候上去安慰，在他们愤怒的时候上去了解缘由，在"国战"开打的时候，身先士卒冲锋陷阵。

史玉柱喜欢玩游戏，他就玩自家的游戏，天天泡在游戏里，正是因为史玉柱亲临体验，知晓玩家的心理状态，因此才能够抓住最能吸引玩家的东西，让《征途》一上市便备受好评。可以说，史玉柱不仅仅是个"游戏迷"，还是一个隐形的市场调研者，这种"换位"的方式，让他更能熟知玩家的心理状态。

史玉柱透露，当初他研发《征途》的时候，曾站在玩家的角度增加了很多创新。"比如我自己玩游戏的时候，打怪，砍怪，一砍砍到早上 7 点。我玩累了怎么办？我雇秘书帮我刷怪，要打架了，给我。我就知道我们的玩家有多累。所以《征途》加了一个自动打怪键。"

事实上，产品卖得好不好，通过哪种渠道去卖，如何才能找到销售的突破点，这些都是看消费者能否点头。把自己当作消费者，去感受每一类产品的使用情况，并从中找出不足及时修正，这样才能提高消费者在使用产品过程中的认可度。

好企业家首先要是一个首席产品官，就是你自己的产品你首先要喜欢，要喜欢用，而且用得舒服。马化腾说："我是腾讯最大的产品经理，任何一个产品我都会去看，要不然怎么能知道一个产品或者服务到底好用不好用，要不然怎么知道问题出在哪？我爱给自己的产品挑错，一看到成品，就知道写代码的人有没有偷懒。"

企业的产品是面向用户的，充分了解消费者心理是非常重要的。有一些企业开发出来的产品看上去很"美"，但是实际使用中并不贴近生活，这就是设计驱动的产品，而不是需求驱动的产品，会给消费者造成很多困惑。

360 董事长周鸿祎也谈过此类问题，他表示："大家觉得我在产品上有一些心得，实话说每次做一个新的产品，我也不是拿出几个锦囊，也不能在那三分钟有灵感，我也花很多时间看同行的东西，去论坛看用户评论，花很长时间用这个产品，每个产品都是要呕心沥血……对自己做的产品负责任，是一个产品经理的基本前提。"他认为用户不会告诉你产品该怎么做，所以企业必须在产品推出之前就先由内部的人员体验产品，进行内部修正。

海尔集团董事长张敏瑞曾经说过："企业如果在市场上被淘汰，原因是多方面的，可能是产品的问题，也可能是消费者的文化和地域差异造成的，但总的说来还是你的产品不适合消费者，没有抓住消费者的心理。"

冰箱业一直是中外家电巨头拼抢的重中之重。然而，国内冰箱巨头海尔却认为，"谁离用户最近，谁就距对手最远"。海尔从来不盯着对手，而是专注于用户需求，努力将用户的需求转化为创新的产品。

20世纪80年代初，国内的消费者对生活水平要求不高，年末单位发放的年货一般都要储藏3个月甚至半年才能吃完，这就需要大冷冻冰箱的快速冷冻功能。但随着改革开放，人们的生活水平提高，一部分消费者喜爱新鲜饮食，而且菜市场发达，随吃随买，不会大量采购，也就不再需要大冷冻能力的冰箱。海尔人看到了成熟市场中的差异化需求，看准了客户心中的变化，因此，果断地凭借技术优势推出了软冷冻冰箱。一上市，便在世界范围内获得了顾客的好评甚至同行业的赞扬，取得了巨大的成功，而且还赢得了更多的顾客。

企业的一切核心就是消费者，只有以消费者为中心，才能让消费者对产品产生认知。想要了解消费者，那就要自己先进入产品中，如果产品连你自己都吸引不了，又怎么能吸引更加挑剔的消费者呢？只有先了解了自己的产品，对产品有一个好的把握度，产品能够吸引住你自己，这样才能引起消费者的喜爱。

5. 引导消费者，而不是改变

在《享说》节目中，史玉柱说："什么都离不开消费者。放眼全国、全世界，凡是研发团队真正重视消费者，能走到消费者中间去搞研发的，这种公司往往成功的多；凡是把自己关起来，与消费者隔绝的，往往不会成功。消费者才是自己的衣食父母，消费者是公司未来成功的命脉所在。"

史玉柱很善于打造自己的品牌，让用户之间进行口碑传播，这就形成了一个信任代理，相对来说用户更相信用户，用户更相信大家的评价。史玉柱在营销上的智慧之处在于他去引导消费者，他说："抓住关键环节，重点抓好市场调研。与其改变消费者固有的想法，不如在消费者已熟悉的想法上去引导消费者。"他不会刻意迎合消费者，看消费者需要什么自己就做什么，他引导消费者内心的消费习惯，让消费者觉得这个产品应该买。

脑白金的销售就是典型的引导，他在广告中先告诉你过年回家看长辈要带礼物，带礼物最流行的就是脑白金，脑白金的广告强调的是"送长辈脑白金是很有档次的事"，他引导的是一种送礼文化。

简单来说，一般的营销是问："你需要什么？"而史玉柱的营销模式是告诉消费者："你需要这个。"为什么需要这种营销方式，因为在移动互联网时代，消费者面对的产品实在是太多了，要买个什么东西在网站上就能买，而且同类产品有好几十种任人挑选。在这种情况下，一款产品除了有自身过硬的质量外，还要有独特的吸引消费者的点。

乔布斯曾说过一句名言："消费者并不知道自己需要什么，直到我们拿出自己的产品，他们就发现，这是我要的东西。"当乔布斯在发布第一代 iPhone 的时候被诺基亚以及很多手机厂商嘲笑，当时诺基亚的工程师对 iPhone 进行了抗摔测试，发现 iPhone 不经摔，质量不好，由此断定 iPhone 不会对诺基亚构成威胁，觉得苹果手机会失败，但是诺基亚忽略了一点，我们买手机不是用来摔的，而是用来使用的。

甚至消费者们也"吐槽"："你们这些人都没有意识到手机搭配触屏有多么糟糕，而我已经预见了这种搭配很严重的问题。谢谢，反正我会继续用我的三星，这手机小巧方便，屏幕也被翻盖保护着，还有实体键盘，手机该有的功能它都有。"

很多人都觉得一款没有键盘的手机走不长，但 iPhone 现在已成为全球最知名的手机品牌，当 iPhone5s 发布了香槟金配色，还被诺基亚的人开玩笑："真正酷毙了的人才会用金色的。"结果，全世界的消费者都想要金色，在大陆市场上金色iPhone5s甚至被炒到了两万元。

乔布斯的高明之处在于他不主动迎合消费者，当时人们心中的手机是"带键盘""能拍照""耐摔"等，乔布斯不理会这种市场舆论，拿出来一款完全与众不同的产品，告诉全世界的消费者：你们真正需要的手机长这样（少按键、全触控）。乔布斯成功了，现在全世界的手机都长成"那样"了。

福特汽车创始人也说过类似的话："你如果问消费者他们想要什么，他们会告诉你，我只要一架跑得更快的马车！"在营销管理学科中，有一个形象比喻：消费者需要的是洞，而不是钻头！这句话的意思就是说商家拼了命地生产钻头，忘记了消费者其实需要的是洞。"钻头"只是帮助消费者实现需求的工具和手段，没有"洞"的需求，他们根本不需要你的"钻头"。

营销大师菲利普·科特勒曾说：星巴克卖的不是咖啡，是休闲；法拉利卖的不是跑车，是一种近似疯狂的驾驶快感和高贵；劳力士卖的不是表，是奢侈的感觉和自信；希尔顿卖的不是酒店，是舒适与安心……你走进星巴克，你就拥有了星巴克的一种休闲，你买劳力士，就代表着你对生活的自信与追求……

管理大师彼得·德鲁克先生在《管理的实践》一书中认为消费者并不真正知道自己需要什么，大多数情况下，消费者只是对自己的需求有隐约的感觉，只有在企业家采取行动满足这些需求之后，顾客才真的存在，市场也才能诞生，在此之前的需求都只是理论上的需求。可能顾客根本没有察觉到这样的需求，也可能在企业家采取行动——通过广告、推销或发明新东西创造需求之前，需求根本不存在。因此，企业的每一次行动都是为了创造顾客。

6. 用 70% 的精力为消费者服务

营销学中有这样一句话："先有产品再定位，常常会找不到目标市场。"所有的生产，都要从定位出发，从结果倒推。从卖给谁出发，再决定卖什么，再到怎么卖，再到做成什么样，生产流程，再到用什么样的原料，再到决定成本。

脑白金的品牌策划，完全遵循"721"原则，即花 70% 的精力服务于消费者，把消费者的需求放在第一位；投入 20% 的精力，做好终端建设与管理；只花 10% 的精力来处理经销商关系；在战略上实行"卖方市场"向"买方市场"转移，这是脑白金品牌营销的核心所在。

无论卖的产品是怎样的，"消费者"始终都是服务的原点。每一个企业家一旦偏离这个重心，那么产品的研发、品牌的定位、市场的开拓等就会偏离正确方向，在错误的道路上渐行渐远。因此，史玉柱时常将这样一句话挂在嘴边：

"做企业只有唯一的一个词：'消费者'。"

当初史玉柱决定转型进军网游界的时候，其实这个市场已经相对稳定。然而，史玉柱始终头脑清晰，他不仅研究市场、研究竞争对手，更重要的是将目光放在了消费者上面。

如何寻找顾客是企业的首要任务。只有当企业将消费者研究透彻，路子对了，然后再适当地用一些方法或技巧对其进行"锦上添花"，那么这样才能获得忠实顾客。当然，任何企业都不可能百分之百地完全满足所有消费者的需求，从这一点上来说，市场营销只是针对企业的目标客户群所运用营销策略的过程。只有确定了企业的目标顾客，企业才能投其所好，有的放矢地实施营销推广策划方案。

史玉柱明白，任何时候都是要把产品落到消费者身上去的，要明白产品要卖给谁，也就是消费群定位。企业只有明确自己的主力消费群是谁，才有可能更好地满足他们的需求，并且在满足他们需求利益点上进行核心竞争力的提升，从而紧紧抓住并不断扩大消费群。如果一开始便对消费者概念模糊不清，只是预测便上市，那么最终产品只会失败而归。

史玉柱聪明地把重点放到消费者身上，把消费者研究透彻，远远要比研究竞争对手要有用得多，因为竞争对手从来不会为你的产品埋单。所以史玉柱把70%的精力都放到消费者身上去，也正因为如此，史玉柱创造出了多次销售界的奇迹。

7. 把用户需求看得比利润更重要

2012 年 11 月，史玉柱发了一条微博："几年前我从巨人网络退居二线，最后一件事是和公司副总裁小刀谈话。小刀是公司创业元老，业内名气很大，征途早期版本的主策划。我和小刀达成协议：给他 5 年时间、7500 万元资金，开发一款超级大作'仙侠世界'。公司对该游戏没有利润要求，但必须比任何游戏都好玩，否则小刀改名小三。"

游戏玩家的用户需求只有一个，就是"好玩"，史玉柱对自己的网游要求也只有这一个，不惜一切代价也要让游戏"好玩"。通过大量的市场调研，史玉柱对玩家心理把握得一清二楚，玩家要什么他就给什么，很多项目研发到一半，史玉柱发现可能不被玩家喜欢就会叫停，项目研发的钱"打水漂"也毫不在意。

在史玉柱看来，专注地研究消费者，也是他与其他企业家之间最大的差异。"规模稍大的企业家，往往今天邀这个政府官员吃饭，明天请那个银行行长打球，他们 70% 的时间属于'不务正业'。我从不琢磨领导们各有什么爱好，只一心一意研究消费者，这为我节约了很多时间。"

史玉柱的这个特点，在他进入网络游戏行业后，立刻派上了用场。"这个行业年轻，浮躁，根本不懂研究消费者。

对玩家迷恋什么，讨厌什么，一无所知。"原来在所有的游戏中，玩家要升级就必须打怪，而且打怪很累人，玩家要精神高度集中，双手不停操作，七八小时不能停。打怪就是让玩家累，折磨人，这似乎天经地义，是玩家进入更高等级时，必须要接受的"组织的考验"。

在开发《征途》时，史玉柱问大家："为什么打怪一定要如此枯燥，折磨人？"开发人员回答："所有游戏都是这样。"可史玉柱发现玩家对此并不喜欢，叫苦不迭。史玉柱探寻到玩家的需求，在《征途》中，玩家打怪不必手忙脚乱，按个键，电脑自动打，你可以端杯咖啡看着打。实在不行，电脑关了，它自己还能打。这个变化，很受玩家的欢迎。类似的创新，在《征途》中数以百计。

史玉柱琢磨出玩家需求的八大方针，分为"荣耀""目标""互动""惊喜""第一印象"等，游戏里上千项设计都直指这八个方针，史玉柱自信地说："我敢说，《征途》是所有游戏中最好玩的，没有哪个玩家说不好玩。"

商业竞争中，关注用户需求就会有机会。以手机行业为例，手机用户需要手机能打电话、发短信这些最基本的功能，有上进心的手机厂商会进一步探寻：用户还需要流畅的体验、需要免费容量大的云储存、需要快速充电、需要自带美颜的相机、需要更换手机时转移数据的方便等，由此还可以再继续深挖用户需求，这些都是用户的"痛点"。追寻"痛点"，就能制造出好的产品。

有一个著名的段子讲解什么叫用户需求：在汽车尚未出现的马车时代，你去做消费者调研，只会得到这样的答案"我需要一匹更快的马"，而不会得到"我需要汽车"。有一部分人理解这个段子是说消费者不知道自己要什么，没见过更快的汽车，就不会要汽车。实际上这个段子表达的用户需求在于"更快"而不是"马"，也就是说让用户变得"更快"，其实做什么都行。

这就是史玉柱在做的事情，史玉柱自己整日泡在游戏里，体会游戏心得，也不断地做市场调研询问普通玩家的意见，把玩家们的需求纳入游戏设计的第一驱动力，这就使得史玉柱的游戏一下子引爆市场，并以口碑良好呈不断传播之势。

8. 为什么拓荒农村市场

2011 年，为了推广《征途 2》，史玉柱提出"亿元拓荒农村网游市场"，巨人先是调集上千地推团队，奔赴全国各地农村展开实地调研。广东、湖南、黑龙江、浙江、江苏等农村宽带发展较为成熟的地区成为他们的重点目标。史玉柱如此大胆地进军农村并不是空穴来风，他是有理有据，同时也有经验的。

CNNIC 于 2011 年 7 月 19 日发布了《第 28 次中国互联

网络发展状况统计报告》，报告显示，截至 2011 年 6 月底，中国农村网民规模为 1.31 亿，占整体网民的 27%，较 2010 年年底增长 4.9%。随着农村互联网接入条件不断改善，农村网络硬件设备更加完备，农村地区网民规模也在持续增长。

这样一个庞大的网民群体任何人都不能忽视，中国网游市场在过去十年中取得爆炸式的增长，但三、四线以上城市趋于饱和之势，竞争近乎白炽化。相比之下，拥有 8 亿人口、1.31 亿网民的农村市场显得潜力巨大。

相比农村，城市里竞争激烈，最重要的是地铁等重要位置的广告费太贵，巨人在城市里的广告费就不是一笔小数目；然而广大农村的围墙上刷的《征途》广告，看上去很简陋，但是便宜有效，广告收益非常好。

据悉，为此次网游下乡计划，史玉柱精心准备了多项策略，其中包括：为上亿农村玩家量身打造全新游戏玩法，建立农村网游推广员体系，打造农村游戏交友平台，巨人地推大军开入农村普及网游知识。同时，"村村通点卡、镇镇有礼包""玩《征途 2》送化肥"等一系列有趣的活动，激起了人们的兴趣。

史玉柱表面上是另辟蹊径，从农村包围城市，实际上是暗渡陈仓，他的网游极大地受到青年们的欢迎。

其实，早在《征途 2》之前，史玉柱很早就意识到农村市场的重要性了，史玉柱在接受《21 世纪经济报道》的记者采访时曾说："我们的目标是在全国 1800 个县设立办事处。"之所以采取这样的策略，史玉柱解释道："中国市场是金字塔形的，塔尖部分是北京、上海、广州这些城市，中间是南京、武汉、无锡等城市，真正最大的网络游戏市场就在农村，农村玩网络游戏的人数比县城以上城市加起来要多得多。"他还说："其实市场越往下越大，下面消费者没有想象中那么穷，消费能力也不弱。一线城市你全占满了，也还不到下面市场的 1/10。"

史玉柱发现这个行业里的绝大部分商家都把目光盯在北京、上海、广州等几座大城市，根本不重视中小城市和农村市场。而史玉柱却明白农村市场的意义所在，他早在脑白金时期就有"农村包围城市"的战略，进入网游后如法炮制，在几乎所有中小城市和 1800 个县建起了办事处，并很快建立了绝对市场优势。

对此史玉柱十分自信，他说："我不怕别人和我竞争，进入这个市场要交学费，估计对手 3 年后才能摸到门路。"在中等城市，《征途》占有网吧墙面等 80% 的战略性资源，其余所有同行只能分享 20%，而在小城市和县城，《征途》的优势更明显。史玉柱自信地表示："比如在这些中小城市的网吧里，我们两家争着贴招贴画，你盖我的，我再盖你的。如果我们的招贴画被对手盖了，我们的人肯定会在 24 小时之内发现，而对方多半一个礼拜都不去看一下。再比如，招贴画大家相互盖，而我们的人很快想出一个妙招，就是把招贴画做得比对手大一圈，边上全部写上征途。"

另一种推广方式是定期组织"包机"活动——将网吧内所有机器全部包下来只允许玩征途游戏。全国5万个网吧同时参加活动，一个月的费用上百万。但是对于很多上座率不到一半的小网吧而言，包场的利润可想而知。加上网吧老板还要分享卖征途点卡的10%的折扣，这使得史玉柱农村市场的"星星之火"绵延不绝。史玉柱显得精明而有趣，这一战略取得了极大的成功，帮助史玉柱的脑白金销往全国，帮助史玉柱的网游风靡全国，史玉柱粗看上去大大咧咧，但是在战略层面有其独到之处。史玉柱喜欢读书，尤其爱读毛泽东选集以及其他兵法，他从书中吸收带兵打仗的战略，运用到商战之中，如"十则围之""避实就虚""不动如山"等，史玉柱早已运用得驾轻就熟，帮助他创造出一个又一个商业奇迹。

第八章

谈广告：做广告就是要让观众记得住

• • •

Capita 8

1. 消费者记不住的广告不是好广告

提起脑白金的广告，恐怕每个人都知道，你说出"今年过节不收礼"的上句，肯定有人回你"收礼只收脑白金"的下句。"今年过节不收礼，收礼只收脑白金""今年过节不收礼，收礼还收脑白金"……这句广告几乎年年都被网友评为十大恶俗广告之一，在观众的印象中，只要看见卡通形象的老头儿、老太太跳出来，在镜头前左扭扭右扭扭地边跳边唱，那就是脑白金、黄金搭档的广告了，区别只在于老头老太太的衣着变化，舞蹈动作。

然而，就是这个被观众熟知，被人称之为毫无创意，并长期被评为"恶俗"的广告，却使得脑白金连续7年稳居中国保健品单品销售第一，2007年所占份额为6.17%，累计销售额为100亿元。

后来有人问史玉柱为什么坚持用这个很多人不看好的广告，史玉柱苦笑道："当时这也是没办法的事，都知道，广告要让人记住，能记住的广告最好，但是当时公司没有实力做最好的，只好让观众记住烂的。虽然很多人看电视的时候很讨厌这个广告，但是买的时候不一样，会下意识地选择印象最深的那个。"

对于年年被评为最"差"的广告，史玉柱毫无困惑，反而说道："这个广告为什么会被评为差，主要是由于两个方面。有两个因素导致了'差'。第一，你的广告让他们记住了，就是你的广告拍得好。第二，你播的频次高。印象又深刻，频次又高，在消费者脑海里面就留下烙印了。所以，哪个广告在他脑海里印象深刻，刻痕刻得很深，他一定评你最差。"

但是脑白金广告的效果是出奇的好，堪称是广告界的一大经典。在史玉柱看来，你可以讨厌我的广告，但越讨厌，越容易记住我的广告。"不能名垂百世，也要遗臭万年。"这就是如今众多广告人的思想。反其道而行，让观众记住"烂"的，反而会让广告的宣传效果达到最佳。史玉柱说过："年年评定最差广告，但是年年就是那几个老面孔，10年了还是那几个，因为它们还活着。"企业的最终目的是盈利，恶俗广告背负什么样的名声并不重要，能把产品卖出去，带来滚滚财源才是企业的最终目的。

"恒源祥，羊、羊、羊。"简单的一句话挽救了一个企业，成就了一个品牌。2008年，恒源祥获得北京奥运会的广告席位，为此特别推出了长达1分钟的"羊羊羊"广告，当然不只是羊羊羊，还把12生肖都说了一个遍，包括恒源祥猴猴猴、恒源祥猪猪猪，节奏毫无变化，只不过在电视荧幕上有规律地蹦出一个个生肖图案。这则广告一播出，便引起许多观众不满。有人第一次看到后的反应是，电视台出故障了。也有人说，这样简单机械的重复，是对观众忍耐力的挑战。然而就是这则在国内十大恶俗广告中排名第一的广告，却让恒源祥的销量与名声以惊人的速度在全国范围内迅速传播开来。用恒源祥董事长的话说："不反复出现，大家就记不住我！"

如今这个咨询传媒发达的年代，各种平面、网络、电视、户外等广告宣传手段极其繁多，不论你的广告画面有多么精致，不论你的画面有多么唯美吸引人，消费者终会产生审美疲劳。因此，如若想让你的广告被人记住，那么不如反其道而行之，或许会有意想不到的收获。

广告是竞争的重要手段，能否在最短的时间里发布和获取最多的有价值的信息，是企业生存竞争的需要。一条好的广告最基本的成功标准，就是能在规定的很短的时间内完成信息发布、让人容易记住，并留下深刻的印象。而越是有争议的广告，越容易挑动好奇心，引起注意，并让顾客印象深刻。

史玉柱曾经说过："我们一贯认为消费者是最健忘的，要想让消费者记住产品信息，首先要给产品一个准确的定位。比如，我们就清楚我们产品的定位是送礼市场，其次是要传递出稳定的、不变的信息，具体形式就是广告中的符号不变，反复重复，才可以形成记忆。"

正如那些被评定为"十佳广告"的企业，在来年评定的时候，就不存在了。因为这个广告的播出虽然十分唯美，符合"广告标准"，但是却没有突出价值与效果，因此便不能在消费者中起到很好的作用。

2. 让人记得住的软文

在运作脑白金的时候，软文就曾经被史玉柱放到了一个重要位置。那个时候，史玉柱做了大面积的市场调查，随后他把自己的策划班子文案组十来名文案高手连同一大堆事先准备好的资料，悄悄拉到常州一家酒店，包下几个房间，集中 10 天时间进行全封闭式的软文写作。

这些文案高手不分白天黑夜，选材、创意、写稿、讨论，每人每天写两篇，写好之后统一交给史玉柱审阅。史玉柱则按事先拟定的软文写作 10 条标准进行对照，稍不吻合即被退回重写，这样推来敲去、反反复复几个回合之后，确定了一批"千锤百炼"的候选作品。

然后，将这些闭门造出来的候选作品拿到营销会议上去，让那些来自"前线"的各地子公司经理——评定，投票表决，一篇一篇地朗读，一轮一轮地投票，层层把关，最后按得票多少确定要用的软文。

这种商业化生产文章的方法恐怕比脑白金的生产程序还要严格，然而正是经过这样严密的程序生产出来的软文却有了像"原子弹"一样的威力，因为它对脑白金的营销所产生的"功效"，比脑白金对消费者产生的功效大得多。

对于广告一词，或许因为一些不真实因素包含在内的原因，很多人在提起后往往负面反应偏多。然而采用了硬性的广告后，企业又很难得到想要的效果。因此，速度快、成本低、效果佳的软文，成为了如今企业宣传的重要渠道。

史玉柱在为脑白金的效用做大量宣传的时候，就曾发表了如下软文：《美国人睡得香，中国人咋办》《人体内有只"钟"》《夏天贪睡的张学良》《宇航员如何睡觉》《人不睡觉只能活五天》《女子四十，是花还是豆腐渣》等。

最出名的是史玉柱出了一本叫《席卷全球》的书，《席卷全球》是脑白金营销体系的一部分，这本书没有过多涉及脑白金这个产品，而是让消费者了解褪黑素又名脑白金，是人体不可或缺的激素，从原理的角度讲解了脑白金概念。这本书为脑白金产品上市做了铺垫，让消费者看到脑白金的时候不会感到陌生。

在软文广告刚刚出现时，多以一二百字的小篇幅文章为主，而史玉柱用了非常多的大篇幅，把软文写成了新闻，很多消费者根本就没意识到这是广告，还当作新闻来读。这些十分具有文化内涵，且又能恰到好处地暗示产品用途和特色的广告一经刊登，立马引起了消费者的注意。在这些文章中，消费者不仅学到了良好的健康知识，并且还因此记住了产品的特效和名称，可谓一箭双雕。

《征途》刚上线时，《征途》的公关团队以十分专业的软文抢占各大媒体的醒目位置，凭借"终身免费"和"发工资"的噱头，"以网络游戏革命"的主题进行疯狂的宣传和炒作。尽管《征途》所谓的发工资只是在游戏中发送虚拟货币，所谓的"免费游戏"也是靠道具收更多的费用，但是不得不承认，"发工资的概念"被史玉柱利用到了极致。他不但在理论上大张旗鼓地宣扬《征途》"我们这一生革命性的模式"，也让玩家知道了玩游戏的"好处"，虽然这个好处也许只是个甜蜜的陷阱。不得不说，在网络的软文营销上，史玉柱的确给业界人士树立了好的榜样。

从 2003 年以来，茅台 CEO 季克良连续撰写和发表了《茅台酒与健康》《世界上顶级的蒸馏酒》《告诉你一个真实的陈年茅台酒》《国酒茅台，民族之魂》等众多文章，这些文章一经发表就被各大网络媒体争相转载，并且赢得消费者的青睐。茅台选用软文的方式，淡化广告的概念，突出介绍茅台的历史文化等，达到了广而告之的作用。

事实上，通过一些权威网络媒介发布的软文广告，更容易被谷歌、百度等大型搜索引擎收录。这样，软新闻就有极大的机会出现在重要关键词搜索的第一页，其"曝光率"由此大大增强。而且，消费者还能根据这些软新闻，对企业或是企业产品有一个初步了解，并增加对企业的信赖感。

雕爷牛腩是最近几年爆红的一家餐厅，以轻奢著称，用互联网思维办餐厅。雕爷牛腩创始人的营销是这样的：开业半年前请了各路明星、微博大 V 免费试吃，而在临近开业的前一天，微博上千万粉丝的"留几手"前去雕爷牛腩吃饭，并发了一条微博："听说北京很多明星都去雕爷牛腩吃饭，就抱着试试看的态度来了，没想到，这不苍老师吗！"微博图片是苍井空在雕爷牛腩吃饭。这一条微博让雕爷牛腩在百度搜索指数暴涨 10 倍，由此可见软文的力量。

在激烈竞争的商业社会里，企业要立于不败之地，就需要塑造品牌，而塑造品牌最有效果的就是软文，大力宣传是提升企业形象网站推广的唯一途径，维护良好的企业形象便是企业的生存之源。

3. 好广告都是改出来的

广告是一个需要灵感和才气并存的行业，好的广告更需要不断地发现和探索。在广告业，从来就没有一成不变的经典和现成的结论。每一个好的广告的出现，都是通过不断的尝试与更改而诞生的。

然而，现今许多企业对产品广告总是存在急功近利的心理，一旦产品推陈出新，恨不得立马便展开铺天盖地的游击式广告，这种推广产品的方式其实对企业来说存在很大的风险。

史玉柱在谈及自己是如何做产品与营销时，曾说道："从游戏公司成立到美国纽交所挂牌，用了 3 年。做《征途》的秘诀在哪儿？为什么我们很快就找到收费的那个点了呢？其实都是靠心血熬出来的，只要路子对了之后，就不断地浇灌心血。"

在史玉柱的眼中，任何广告都是必须要试的。他说："其实也没有哪一个广告我那么想了，我组织那么做了，就一次成功了。第一次就成功的广告极少，不能说没有，绝对极少。其实好广告，都是改出来的。"

"试销就很重要，不要怕因为试销耽误3到6个月，因为它让你少犯错误，它会让公司更安全。所以我们一个新广告出来，即使我们的销售已经在全国推开了，销量比较稳定了，我们每修改一个广告还是要拿到很多城市里面去做测试，跟踪3到6个月，看效果。"

"如果通过终端消费者的调查，发现没有效，我们还是要把它否定掉。凡是我自己组织拍的广告，一次性就过的极少，都是经过一两轮修改。第二轮成功的相对就比较多了，因为有一线的资料，有消费者的反馈去调整。"

这个世界上没有一蹴而就的事情，任何好的广告也都是在不断地实验与磨砺之后，才得以提炼出来的，它是在生活与实践中长期积累的结果。

当然，也有不少企业认为，一旦广告投放到市场中去，想要更改就可能对产品产生不好的影响，其实不然。正如史玉柱所说的那样："广告不要怕改，除了电视广告语尽量不要变之外，发现错误就改，发现不好的就改，尤其是在试销的时候。但是一定保证往好里改，别往坏的方向去改。"

任何广告都要集中长力打歼灭仗，因为从试销到正式上市这段时间，是一个漫长却关键的过程。营销者如若真的想要产品走到自己的目标消费群中去，那么每个营销者都要试着去多接触消费者，了解消费者，通过观察他们的言行，发现自己产品的问题，从而去优化自己的营销与广告方案。

另外，商品的畅销与否，虽然离不开广告的渲染，但是与产品质量的高低却有直接的关系，因为任何时候，广告与产品质量都是相辅相成的。所以，广告在不断追求效果的途中，也要随着产品样式的更改，做出相应的改动。

宝马、凯迪拉克与微信合作，在朋友圈里投放广告，这广告投放是一波三折。宝马的广告先放出，写的是："越是期待已久，悦是如期而至。"九张图片组成一个"悦"字。

宝马的广告作为试水产品推出之后，微信团队领头人张小龙对朋友圈广告的创意本身有了新的认知。互联网的消息人士说："因为张小龙亲自抓创意，凯迪拉克的朋友圈广告，双方反复磨合修改了超过50次！"为了更好的投放效果，凯迪拉克的创意完成后，技术团队收集了超过200款不同型号的手机用来测试呈现效果，仅仅有几个型号的手机匹配不好，张小龙就会要求立刻优化并重新修改画面以保证完全适配。如此反复地修改广告，最终呈现的效果被广大网友所接受，并没有因为朋友圈里多出来广告而感到反感。

实际上，了解和掌握不同国家、地区、民族的风俗习惯、审美观念、色彩爱好，对于广告宣传十分重要。因此，很多有心的广告专家应及时掌握这些信息及商品的流行趋势，以便不断改变产品及包装花色品种，做到知己知彼，适应千变万化的市场。

总之，好的广告是能够经得起时间考验的，它是在不断地重复与创新过程中被认定的精华所在。通过不断的修改，将不利于产品推销的东西都摒除掉，这样才能真正起到摧枯拉朽的作用。

4. 明星效应对广告效果作用有多大

在广告营销中，我们一般会用"爱屋及乌"这个词来形容明星广告发生的作用。不少企业利用民众的"偶像情节"来制造广告以吸引消费者的注意，借助明星的光环效应，从而让产品的关注度提高，这的确是个不错的选择。

然而，当我们从"飞人"乔丹代言耐克等成功案例中感受明星效应带给广告的神奇功效的同时，也应看到有更多的明星广告不但没有收到良好的经济效果，还产生了负面的社会影响，甚至对产品本身也造成了不良影响。

作为成功企业家的史玉柱曾经多次强调代言没有用，"在广告界，我一直有个观点，找明星代言，除了浪费钱其实没啥好处。你看现在用明星的，有的企业产品销得也不错，但是我就敢说，把明星广告去掉，它的销量一点也不会少。你如果用一个明星，消费者看完之后很可能不知道这是谁花钱播的，因为他的注意力不在那个地方。"

史玉柱认为，明星代言的现象，是取决于一些所谓的广告理论。而那些理论其实是几十年前美国那些大的广告公司自己编的，目的是为了让厂商多花钱。在那些理论里面，是要有明星的。史玉柱研究过很多产品，他认为至少现在没有充分的证据证明，用明星能增加销量。

因为消费者看电视广告时，凡是他在盯着电视看一个广告的时候，他内心本来就是烦的，因为没人欣赏广告。一旦出现一个他喜欢的人，他只顾着看那个人了，你卖的是什么产品他都不知道。

在名人广告中，名人与企业的品牌本身就是一个共生的关系。两者之间是相互依赖，互相依存的，一方面有了损失那么必然会给另一方面也带来损失。比如，如果消费者心目中对你这个品牌已经有了一个代言人的名单，但是企业推出的广告却与消费者心中的不符，那么就会让消费者心中产生排斥心理。

著名财经作家金错刀曾经在评论明星广告代言与企业之间的关系时说过："过剩时代的悲歌：明星的尖叫，永远比不上发自用户自己的尖叫。"宁夏某品牌营销总监也评论说："不能绝对化地讲'明星代言无效'，关键是选用的明星在目标消费群体中的认知是否与代言的品牌、产品定位相契合。"

由此看来，无论一个企业究竟有多么财大气粗，有多么想花钱去请明星拍广告，如果产品本身没有一点吸引力，那么同样也不会引起消费者青睐。可能企业在初期投资明星广告的时候会吸引大量消费者的关注，但是对于产品以后长期发展来说，是起不到任何效用的。

国内著名的药品生产大厂"哈药六厂"在推出"盖中盖"的时候，一开始便找到了一位国内一线明星和一位一线主持人做代言，尽管刚开始的时候，"盖中盖"一经推出，立刻成为了杀入市场的"黑马"，然而好景不长，最终盖中盖因为产品自身问题被消费者告上了法庭。

据当时将"盖中盖"告上法庭的消费者说，她曾经多次从电视上看到"盖中盖"的广告，而且听到这些一线代言明星等人对"盖中盖"的不断赞美，因此心中形成了"盖中盖是预防和治疗儿童缺钙症的补钙佳药"的印象，而且也认为有明星代言，应该效果也是不错的。然而等到自己真正购买服用以后，产品却并没有意料中的疗效。后来经过旁人提醒，这位消费者才发现"盖中盖"口服液外包装上的批号显示它并非药品或保健品，而仅是一种营养食品，于是这才感觉自己上当了。

名人广告爆发了信誉危机，这样的事情对企业，对名人的影响只能是负面的，是一个双输的结果。实际上，如果产品本身没有合理的质量体系，即便是有国际巨星来为之推广，又能起到多大的作用呢？

每一个营销人员都应该明白，在消费者心中始终且唯一关心的永远都是消费品本身，而非那些围绕在消费品周围，为了烘托其效果而做出的大肆渲染。毕竟消费者的眼睛是雪亮的，产品能不能受用，能不能受到青睐，产品本身才是关键。

总之，每一个企业都应当根据自身情况而选择明星广告，在投资广告的时候，多想一想，明星究竟对自己的品牌推广意义有多大，这个名人是否适合为自己的品牌代言，这样才不会多花无辜的钱投资在无用的广告宣传上。

5. 广告最怕变，积累不能丢

广告的最终目标是通过宣传，在消费者中提高产品的知名度，促使消费者在购买同类商品时，能指名购买，达到扩大市场份额的目的。

而要想将一个产品更深、更广地打入消费者市场，那么就一定要有好的广告陪衬。如果广告播出的效果不错，那么就一定要坚持下去。如若总是一而再再而三地更改广告，那么消费者看广告就会如同走马观花，最终什么都记不住。

史玉柱在推广脑白金广告期间，曾经弄了很多不同的版本。其中有姜昆和大山，也有一些其他人物，最后才用动画版本的老头老太太。因为卡通版的老头老太太播出后效果很好，因此史玉柱决定一直用这个广告并且不再改变。

史玉柱说："电视广告要在消费者脑海里形成印象，需要很长时间，需要持续。广告要么就别播，你要播最起码有1年以上的计划。广告最怕变，因为你一变，前面的积累就丢了。所以我们把'今年过节不收礼，收礼还收脑白金'这个广告语确定下来之后，用了十三四年了，广告语基本上没有什么变化，但是表现形式我们每年会变一下。"

脑白金上市了一段时间之后，到快过年的时候，史玉柱到中安联商场里面蹲着观察究竟有什么人来买。结果他发现，购买者居多的是农民工。史玉柱上去跟这些农民工聊天，结果农民工第一句话就说，过年买礼品好像挺难挑的，挑不出一个特别好的。脑白金广告我很烦，但是真的挑起来，好像就它的知名度高一点，然后就不得不买了。史玉柱认为，其实这代表了多数消费者的一个心态，因为在消费者脑海里面，一提起"送礼"，他就和"脑白金"不自觉地开始画等号了。

广告语是企业产品的"招牌"与"门面"，凡是在消费者脑海里留下深刻印象的，说明这个"广告语"已经成为了产品的标志，而且根深蒂固在消费者的脑海里，正如同有些消费者一看到某类产品，便能将广告语脱口而出一样。

产品要想营造好的口碑，那么就应该不间断地加深自己在消费者心中的印象。海南养生堂当年推出农夫山泉天然水时，在中国市场天然水的品牌和产品众多，而且同时还需要面对娃哈哈、乐百氏这些纯净水强大品牌的竞争压力。农夫山泉在精准品牌定位的基础上，提炼出了天然水的核心卖点就是甜，并以此为策略原点，创意出"农夫山泉有点甜"这样的经典广告语，就是这句一直不变的广告语，十多年来为农夫山泉股份公司赢得了数百亿元的产品销量。可以毫不夸张地说，农夫山泉天然水的这句品牌广告语价值超过十个亿。

在消费者面前重复不变的广告语，就像让消费者背书一样，只要多看几遍，多巩固几遍，再不好背的文章，到了一定的程度，即便不能滚瓜烂熟，也会耳熟能详，广告语如果最终能达到这个效果，自然就能大获全胜。

黄金酒的广告虽然不是史玉柱做的，但是却是史玉柱公司另外一个团队的成果。当时，这个团队出于尊重来找史玉柱商讨广告的可行性，史玉柱只给出了两句话："不同意，但是决策权是你们的。"然而最终这个团队还是决定上广告。

史玉柱后来还是去跟踪了一下黄金酒，因为史玉柱认为这个产品还是选得挺好的，因为黄金酒用的是五粮液大概市场卖五百八十元的那种酒，去和基酒做出来的，其实市场价一瓶也就一百多元钱。本来有这样的"硬底子"做保障应该卖得很好的，然而这个团队在策划广告的时候却犯了个错误，黄金酒的广告语老是在变，而且往往一个广告语不到两年，就又换了新的广告语。

后来史玉柱当着这个团队的面提过这个问题，史玉柱向他们表示，黄金酒广告策略是有问题的，除非他们能够改变这个广告策略，找到一个好的主广告语，坚持打下去。否则黄金酒这个项目最终将会没什么利润。

当然，对于最初投放在市场上的广告语，企业虽然不能随意变动，但是如若想要稍加改变，还是可以在广告的表现形式上动一动的。例如，你可以改变一下体现广告语的表达形式，或者换一下陪衬的场景和画面，这样给消费者带来新颖的同时，产品在消费者心目中的效用却是依旧不变的。

史玉柱曾经说过："如果你的广告刚刚在市场上预热两个多月，就把火给撤换掉了，那么你的这壶水就永远都烧不开。因为你前面烧的火白烧了。"所以，任何时候都不要轻易地去改变广告语，这样才能形成聚沙成塔的力量。

6. 抓终端落地执行与线上广告配合

在史玉柱的营销推广模式中，就有这样一项法则：强势落地法则。他所强调的有两点：一是高空广告起效，二是终端落地的配合。也就是说，依靠铺天盖地的广告模式与地面多渠道的铺市和产品陈列的双效推广，才能真正吸引消费者的注意。

在脑白金时代，史玉柱在全国设立了总共200多个城市办事处，在3000多个县设置代表处，另外在全国还安排了8000多名销售员。他对下面的员工提出的要求是：脑白金在终端陈列时，出样尽可能大，并排至少3盒以上，且要占据最佳位置。所有的终端宣传品，能上尽量上。宣传品包括：大小招贴、不干胶、吊带包装盒、落地 POP、横幅、车贴，《席卷全球》必须做到书随着产品走。

而在做《征途》游戏的推广时，他又如法炮制了脑白金的落地方式，推广队伍是全行业内最大的，全国有 2000 多人，目标是铺遍 1800 多个市、县、乡镇。计划这个队伍要发展到 2 万人。在后来黄金酒的营销过程中，他的队伍越发壮大：全国 14000 名销售人员，计划经销商覆盖全国 200 多座二、三线城市和上千个县，让黄金酒形成了铺天盖地的广告模式。

在信息爆炸的时代，只有围绕消费者，做到立体的整合营销传播，才能将企业的商业信息输送到消费者的心中。"史氏广告"正是由于这样细致整合的手法，使得人们对他的广告"无处可逃"、印象深刻。

销售渠道多角度的延伸，销售队伍的逐渐扩大，是企业新营销模式的重点所在。如今已经有很多企业不再满足于单一的推销方式，而是采用道路更加宽广的营销模式以便在消费者心中留下印象。

在史玉柱的眼中，高空广告要想起效，必须有终端落地的配合。史玉柱就是"如洪水猛兽一样"地抓终端落地执行与线上广告配合，才让销售渠道拓展开来，为经营未来的方向打开了一道天窗。

其实，在企业为产品所做的广告中，除了广告本身具有信息传播的功能之外，还兼具消费拦截的重要作用。如果大众广告传播与终端结合得好，完全可以协助终端，实现消费拦截的功能。几年前舒蕾的快速崛起就是广告与终端亲密配合，实现消费拦截的一个经典案例。

从1999年开始，舒蕾便投入了巨额的广告经费，在全国进行强势传播。当时，舒蕾自身必须解决的一个问题就是：如何才能把广告投放价值最大化，如何才能实现广告投放的利润回报。舒蕾最后找到了，这个解决方案就是——终端。借助强大的广告传播力度和威力，舒蕾开始在全国各舒蕾专柜派驻导购，利用专项的终端资源，把终端传播做得淋漓尽致。导购人员向所有的消费群传递舒蕾大品牌的信息，舒蕾的终端也被布置成一片红海。

在长春舒蕾的一次促销活动上，商场的四周40多面挂旗，商场前广场上方4条横幅，商场主楼墙体上240平方米的巨幅广告，商场入口1米多高的堆头，通道周围从二楼垂下的50多面广告旗。这种强势的终端传播，结合同期强势的大众传播，一举颠覆了宝洁公司长达十数年的巨额广告积累，实现了广告拦截的功能。2000年，舒蕾硬是在宝洁公司的海飞丝、潘婷、飘柔、沙宣等四大品牌中抢占出20%的市场份额，在全国主要城市洗发水品牌中占到第三位！

企业要想最大程度发挥自身产品广告的价值，除了淋漓尽致地推行广告终端化之外，终端的广告化也是一个必不可少的渠道和捷径。因为终端作为直接与消费群进行沟通和接触的场所，其本身具有不可替代的作用和先天优势。

因为单纯产品广告的播放，其目的仅仅在于促使消费群体能够消费。而消费行为的形成，并非仅仅是靠间接的、间歇的、肤浅的大众广告传播。如果企业能够借助终端的先天之优、地利之便，有机会与消费群进行更为深度的、面对面的沟通和相互理解，那么这才是将企业的产品信息最大化传达的最好渠道。

由此看来，如果一个企业要将品牌优势像烙印一样烙在消费群的内心深处，那么绝对不能单纯地靠广告，还要靠终端的配合。而史玉柱推崇的"强势落地法则"正是二者的完美结合，如果企业能够好好利用，那么就能实现终端广告传播的功能。

7. 只说产品的一个好处才能被记住

2016 年 1 月，脑白金新一轮广告又开始在央视及地方台反复播出，这一次不再是跳迪斯科的老头和老太太了，而是鼓励网友为脑白金点赞或者吐槽，内容是："脑白金如果让您睡眠改善，请为脑白金点赞一次！脑白金如果让您润肠通便，请为脑白金点赞一次！如果脑白金助您年轻态，请为脑白金点赞十次！如果脑白金对你无效，请吐槽一百次！有效才是硬道理，请为脑白金点赞！"

有网友开玩笑评论：如果广告的目的就是让人"过脑不忘"的话，那么脑白金达到了。甚至还有网友"呼吁"老头老太太跳迪斯科回归。这充分说明了脑白金广告在大众的心里几乎是默认其存在的地位了。这一次的脑白金广告，淡化了以往"送礼"的主题，而是突出"有效"，多余的话不多说，仅仅突出脑白金的疗效好。

史玉柱说："做产品有三关，第一个是产品关，产品要有效果；第二个是策划关，要有好的策划方案；第三个是团队和执行关。对消费者的利益点，能少尽量少。可能一个产品有很多个好处，其实你说三个好处就等于什么都没有说，说两个好处记住一点点，说一个好处才能真正让人记住，所以这个上面能少尽量少，一点是最佳选择。"

的确，广告不是长篇大论，广告内容不需要复杂的剧情和人物关系，文案创意要简单、明了、易记，能让人驻足观看，也能让人久不忘怀，这样的广告才是真正的广告，才能产生广而告之的效果，传播给大众。

2015 年，中国农历春节期间，苹果公司上线了一份针对中国用户的广告，名字叫《老唱片》，广告是这样的：

孙女在新春大扫除时发现了一张奶奶在 1947 年录制的试音黑胶碟，看着奶奶孤独的身影，孙女决定用苹果设备将这张黑胶碟翻录，并用软件混入了自己的吉他弹唱，当她把这首穿越三代的《永远的微笑》用 iPad mini 播放给奶奶听的时候，温馨的亲情展现。

　　故事就这么简单，但是其中体现出的亲情浓郁，正契合了中国人春节间的亲情感受，并在其中融入了苹果的产品，在结尾处打上标语："开启一份新意。"

　　或许大家还记得北京奥运会的口号："同一个世界，同一个梦想。"英文为："One World One Dream。"这个句法结构具有鲜明特色：两个"One"形成优美的排比，"World"和"Dream"前后呼应，整句口号简洁、响亮，寓意深远，既易记上口，又便于传播，又与中文口号相呼应。

　　2015年春节期间涌现了非常多的好的广告创意，比如土豆网原来的宣传词叫："每个人都是生活的导演。"而在春节期间改为："每个穿越了大半个中国回家过年的孩子，都是生活的导演。"是不是很容易让人动容？

　　而麦当劳公司则低调温柔得多，春节广告语只有一句话："你就是我的新年。"像麦当劳这样的大公司往往非常注重广告创意，常有层出不穷的广告图片，极具创意，麦当劳有这样一幅图片："红色的背景，正中间上面有黄色的WiFi信号，有趣的是信号是用大小不一的薯条组成的。"这就是一个绝佳的广告创意，薯条、WiFi全都齐了，告诉消费者来麦当劳既有薯条又有免费WiFi，而图片上没有一个字。既简单又明了，有效地传达了广告意图，还令人印象深刻。

　　有一些极具创意的广告，都不需要广告语，但同样能够展现优秀的广告魅力。有这样一个降噪耳机广告，只有一幅图，图片上是一个人闭着眼睛划船，耳朵上戴着耳机，在他不远处就是巨大的瀑布，而他浑然不觉——也就是耳机降噪效果太好，连瀑布的声音都听不到了。还有一则公益广告，也只有一幅图，图片上是一个人的 T 恤衫，上面写着："1991—"横线后面部分被安全带挡住——意思是说安全带绑上了，就没有"卒年"了，只有"生年"。

这类创意广告极为吸引眼球，好的广告甚至能够在社交网络引起网友们转载和讨论，这就大大超过了本来的广告传播投入。其实很多公司对于广告预算都差不多，但有的效果就极好，而有的却很差，关键在于创意二字，有了好创意就不怕广告没效果，不怕广告被埋没。而广告最大的创意点只有两点，一是简单，二是易记。

一般来说，一个有创意的广告文案很简单，但是要抓住你的产品最重要的关键点：消费者买来能干什么。消费者不会因为产品功能多就掏腰包，但他们会因为被一点击中就立刻买下来。所以做广告的时候，一定要知道自己的核心优势是什么，并用简单的几个字提炼出来，把这个优势力推，广告就做成了。

8. 网络推广的利器：抓住人的弱点

抓住人性的弱点进行网络推广，可谓是赚钱的必杀技。女人爱漂亮、小孩爱玩具、老年人想长寿，不同的人有不同的人性弱点。把人性的弱点推广的方法，发挥到淋漓尽致的当属史玉柱。这么多年来，他做广告可谓是真正地抓住了不同消费者的"弱点"，他知道消费者想要什么，他的广告就针对消费者最可能花钱的地方。

脑白金广告推广的重点就是利用了老年人想长寿的心理。脑白金广告传达了两种思想：一是脑白金是老年人的专属健康补品，老年人想健康一定要喝脑白金。二是给爸妈送礼一定要送脑白金，不能送别的，因为脑白金是送给长辈最佳的礼物。所以老年人都希望自己儿女能买给自己。加上儿女要孝敬父母的中国传统，脑白金成功了。史玉柱牢牢地抓住人的心理，利用人性的弱点，成就了脑白金，也成就了自己。

之后史玉柱继续推出产品"黄金搭档"，广告词是：

黄金搭档送长辈，腰好腿好精神好；

黄金搭档送女士，细腻红润有光泽；

黄金搭档送孩子，个子长高学习好。

这则广告句句抓住人性的弱点，同时也获得了成功。2008年10月，史玉柱正式推出保健酒——黄金酒，其宣传的广告还是以抓住人性弱点的推广方式，仍然突出送礼，广告的形式是两个老年人聊天，其中一个说："五种粮食，六味补品，好喝又大补，谢谢了，哎，我女儿送我的，要喝呀，让你儿子买去送长辈，黄金酒。"

《征途》在乡镇贴横幅，写着"同镇交友，跨村约会"；

在光棍节打广告："激情 PK，浪漫交友"；《征途 2》庆祝建党 90 周年、建党伟业免费看，还有"登录送好礼"等，这些广告词直击广大青年的"痛点"。

史玉柱的成功绝非偶然，就是因为他善于抓住人的心理，利用人的弱点，甚至有一种让人不得不买的感受。这就是史玉柱把人看得透彻，把消费者的心理摸得清楚，保健品主打送礼，主打孝敬爸妈；网络游戏主打年轻人，强调交友，强调刺激的对战。他的广告有的放矢，针对性非常强。

消费者的弱点是什么？

1. 免费

谁都被商家"免费试用"的招数诱惑过，看见免费总觉得可以试一试，反正又不花钱。史玉柱的《征途》初期走的就是免费路线，以区分开世界第一大网游《魔兽世界》及网易、盛大等竞争对手的收费网游。

还有，"今日特价""五折起""清仓大甩货"，消费者不买总会看一看的，消费者看到有自己可能需要的东西，都难免不自觉地激动，迅速说服自己，进行原本不需要的额外、过度或者超前的消费。

从某种程度上来说，免费才是最贵的。免费让更多的人来参与，不合理的收费只会让用户流失。263 免费电子邮局，曾经市场份额第一，为了追求收入，强制升级到全面付费版本。他们以为邮件地址类似于手机号码，高端人群不会随意变更邮件地址。结果，不但他们丢失了免费用户，付费用户也流失殆尽，成为中国互联网的奇葩案例。

2. VIP

在商业领域，VIP 本来指的是创造了 80% 利润的 20% 人群，他们直接关系着企业的兴衰，员工的饭碗。你会看到各行各业都对 VIP 照顾有加，银行的 VIP 可以不用排队，航空公司的 VIP 有单独的休息室，有专属通道上飞机，就连 QQ 的 VIP 都是"红名"，永远显示在好友列表上方。

就是这些特权让花了更多钱的人有了优越感，让他们心甘情愿地掏出更多的钱。2013 年，某市场研究公司曾以 500 名消费者为样本进行调查，其中 19% 的受访者有 5 张以上的 VIP 卡。除了熟悉的垄断行业，还包括服装、餐饮、美容、KTV，甚至小吃店。29% 的受访者承认，通过预存一定的金额换来了 VIP；35% 的受访者为了晋级为 VIP 曾发生不必要的消费。

人们总是希望自己是多数人中拥有特权的少数人，很多人享受那种走进银行掏出一张闪闪发光的金卡，立即有银行大堂经理带着走进旁边的贵宾室，而其他普通人还要等号排队的优越感。

这一部分人在史玉柱的网游里属于"人民币玩家"，很多有钱的玩家不屑于跟普通人一起慢慢打怪升级，他们选择付费购买更好的装备，用金钱买时间，是他们支撑起了《征途》的大部分收入。

除了上述两点最重要的"弱点"，还有很多其他方法，包括饥饿营销在内不一而足。明白消费者的弱点在哪，就能够有针对性地做广告，这样的广告不用废话，短短几秒钟就可以"击中"消费者的心理，促使消费者进行购买。

9. 消除阻抗，让消费者不经意间接受广告

让人接受产品，首先要让人接受广告。如今仿佛任何地方都会出现广告，几乎所有人都对此厌烦不已，电视出现广告时，人们赶紧拿起遥控器换台，免不了还要说一句："真烦人。"如此情况下，广告若再做得无吸引力，即便是在央视投放也是毫无意义的，大笔的广告费换不来销售额。

广告最重要的一点便是有吸引力，让消费者耐心看下去，继而让消费者心动，才会有购买的行动。脑白金最经典的广告"今年过节不收礼，收礼只收脑白金"第一次登陆央视后，几乎所有人都纷纷表示："这是什么破广告啊，太烦人了！"但是所有人都记住了脑白金这三个字。紧接着第二年，这个广告又来了，第三年又来了，现在甚至可能有人在年关将近时还会询问一句："今年脑白金广告呢？"这就代表广大消费者已经接受脑白金这个广告了。

"史氏广告"让城市里的观众难以接受。但这些符合地县级消费者观念的广告，恰恰以消费者的认知为基础，深刻地影响了消费者，产生了巨大的市场效应。这就是"史氏广

告"起效应的深层原因。

另外，虽然广告很俗，但都是原创性的，这个也很关键，因为这样给人深刻的印象。现在我们看到很多模仿脑白金广告形式的广告，大多没有成功的可能。广告只有经过一段时间的投放，才能看见效果。在消费者的心智中注册一个品牌需要时间。史玉柱打广告，深刻地明白这个道理。所以脑白金的广告一打就是近10年。

拿破仑常说"胜负决定于最后五分钟"，西方谚语说"最后一根稻草可以压断骆驼的背"，都足以证明沸点的重要性。广告投放需要一个"沸点"，一旦达到"沸点"之后，只需要不多的"火力"就会让水保持烧开的状态。而要达到这个"沸点"，企业在投放广告的过程中，就需要足够量的重复，而且这个过程还要有增无减，这样才能让广告真正投射到消费者心中去。

史玉柱曾经说过："一个产品刚上市的时候，你需要告诉消费者内容多一点。"在当初策划脑白金的广告时，史玉柱除了定位于"送礼"这个概念外，还想到了"改善睡眠"。于是，除了重复地强调脑白金广告的客观价值之外，还为其增添了主观价值的实用性，自然产品的"温度"便骤然提升了。

史玉柱曾经在谈到广告效用时说过："广告播放的量我觉得是这样的，该大的时候一定要充分大，能大到多少大到多少。我的做法是，非旺季的时候就别播，把钱都省出来，要播就象征性蜻蜓点水点一下，把这个钱都省到旺季时集中打。"

他还说："比如昨天所有的台都没播，你不会说怎么没有脑白金广告，你不会每个台去找这个广告。然后今天所有的台都能看到我的广告，你会说我的广告量很大，你对这个印象很深刻。不需要的时候别播，需要的时候集中猛砸。这是第一个。第二个，条件允许的时候，隔天播。今天是零，把今天的全部集中到第二天去。明天就会每个台都是我的广告。总之就是要研究一下，怎么样在消费者心里面留下深刻的印象。"

对于一些企业来说，广告量的不足将会直接影响到实际广告投放效果，企业要想达到很快提高产品知名度的效果，那么就一定要利用广告的"沸点效应"，通过不间断广告的投入，让产品在消费者心中的印象逐渐加深，直到最终因为这种"狂轰滥炸"的形式而产生反应，那么你的广告就真的根植在消费者心中了。

史玉柱做广告的秘诀在于他先研究透彻消费者，他先搞清楚自己的产品要卖给谁，买家是什么年龄段的、收入多少、有什么需求，然后投放出有极强针对性的广告，可能有些人对史玉柱的广告并不"感冒"，那是因为这些人在他的广告目标之外。而有大量的人被史玉柱的广告所针对，哪怕不熟悉史玉柱的产品，提到他的产品也都大概能略知一二，这就达到了广而告之的效果，为消费者接受产品铺好了道路。

第九章

谈赚钱：企业不赢利就是最大的不道德

· · ·

Capita 9

1. 企业不赢利就是在危害社会

对于任何创业者而言，摆在其面前的头等大事就是赢利问题。如果没有持续不断的赢利来源，做大做强无疑是"南柯一梦"。很多人对商人、企业家有一种误解，认为他们赚取了大量的财富，事实上那正是他们奋斗所得，相反企业要是不能盈利才是个大问题。

在史玉柱看来，企业赢利才是企业最大的使命。史玉柱说："我觉得做一个企业，追求利润是第一位的。你不赚钱就是在危害社会，对这个，我深有体会。我的企业 1996 年、1997 年亏钱，给社会造成了很大危害。当时除了银行没被我拉进来，其他的都被我拉进来了。我的损失转嫁给老百姓，转嫁给税务局。企业亏损会转嫁给社会，社会再补这个窟窿。所以，我觉得，企业不赢利就是在危害社会，就是最大的不道德。"

一家企业赚钱了才能继续经营下去，继续为社会制造财富，企业的几百名员工才能继续工作。企业的首要职能首先是经营好企业本身，在不违法的情况下，解决好自我"造血"的问题，才是生存的第一步，在能够生存之后，实现自身资产的增值、企业的持续发展仍为他们的头等大事。

2012 年马云出席网商大会，他在会上表示："不赚钱是不道德的，赚钱没有错，不应该有羞耻感，做企业不赚钱才应该有羞耻感。"同时马云批评那些不赚钱的企业，应该有羞耻感，应该去做公益比较好。做公益也要有商业的手法，公益的心态、商业的手法，只有这样配合，企业才能走得久、走得长。潘石屹也说："不赚钱的商人是不道德的，不赚钱你就只能确保自己的生活，不能给员工好的工资福利待遇，不能给国家上缴利税，不能给客户带来实惠。"

著名经济学家张维迎说："一方面，在一个健全的市场制度下，企业追求利润、为客户创造价值以及承担社会责任之间，不仅不矛盾，而且是基本一致的。利润，是社会考核企业，或者说考核企业家是否真正尽到责任的最重要指标。没有这个指标，我们就没有办法判断企业行为是损害还是帮助了社会。"

雷军讲到当年创办小米时的场景："当初工程师来小米的时候，我讲了很长时间，我说你们专心做技术，挣钱交给我。我已经打拼了 20 年，我绝对不会做对投资者对员工都不挣钱的事情，做企业不挣钱就是犯罪。"的确，企业要对投资人负责，要对员工负责，也要对社会负责。作为一个企业，你不盈利就是在烧投资人的钱，会面临随时倒闭的风险，这对于员工们也是不道德的。在创业阶段，社会不需要企业做出多大的贡献，只要能够活下去就好，慢慢地实现自己的盈利，企业才能够站稳脚跟。

英特尔公司的首席执行官格鲁夫也说过，一个企业家赚钱叫道德，企业家不赚钱就是缺德。相反，如果企业家不赚钱，肯定会给社会、给家庭、给个人、给团队、给员工造成严重伤害的。作为一个企业的领导者，最应该做的事情就是在遵守法律和社会公德的前提下，努力地去赚钱。虽然不能金钱至上，但一定要敢于挣钱，善于挣钱。用一句最直白的话说就是，坚持自己的信念和目标，什么都别想，好好活，好好挣钱，这是创业者最大的生存智慧。

在一次演讲上，美图秀秀董事长蔡文胜说出他创业的看法。他说："基本上中国所有的创业大赛，做的项目都是往理想上去靠，说得堂而皇之，要公益、事业、改变人类，这些都是扯淡，只有在你赚到钱后第二阶段才能实现。比如，在徐小平和我赚到钱后的这个阶段才可能去实现所谓的公益、理想。十几年前，我就只想赚钱，大家不用害羞说你想赚钱，赚钱才是首先需要想的！企业怎样让自己先赚钱生存，让员工有工资可发，是你必须要思考的。在这个过程中，如果你能拿到钱，花出去也要想好能不能赚到钱。"

企业家可以追求低成本，这是一个老板应该有的态度，对小生意来说，省的钱就是赚的钱，斤斤计较是必需的。做企业一切都要以赚钱为前提，该不让利的时候就不让利，自己先把钱赚到手，开始发展壮大，再去通过自己的力量做一些慈善事业，这是对企业、对员工、对股东、对社会真正负责任的做法。

2. "我永远只做暴利行业"

史玉柱的商业领域是不做微利，在《中国经营报》主办的一次企业竞争力年会上，他表达了自己的看法：第一，回避微利业务；第二，经营者应通过创新和技术使自己产品的利润提高。方法包括成为行业第一以获得更高利润。脑白金、黄金搭档与征途，莫不如此。

史玉柱很坦诚，他做商人就是要赚钱，而且是要赚大钱。史玉柱说："商业是什么？商业的本质就是在法律法规许可范围内获取最大利益。我是一个商人，做的事情就是在不危害社会的前提下为企业赚取更多利润。要一个商人既要赚钱又要宣扬道德，那不是商人，而是慈善家。"

所以史玉柱经商从事的三大领域全都是"暴利行业"，保健品、网络游戏、投资银行。有资料称，网络游戏产业的毛利率高达50%以上，最高甚至达75%，净利率也在25%～50%之间。一方面，厂商只需对网络游戏进行维护与升级管理，无须厂房、仓储与制造，大大节约了成本。目前国内最火的腾讯游戏每个季度都能为腾讯贡献百亿以上的收入。

获取最大利润是市场经济中企业从事经营活动的最高愿望。但获取最大利润不一定就是给单位产品制定最高的价格，有时单位产品的低价，也可通过扩大市场占有率，争取规模经济效益，使企业在一定时期内获得最大的利润。

史玉柱曾经说过："高利润一方面来自提高销售额，另一方面是靠降低成本；而提高销售额靠的是销量的提升和维持较高的产品价格，销量的提升和维持较高价格主要靠的是企业的差异化。"

从巨人汉卡到脑白金，再从脑白金到网络游戏《征途》，很多人认为，史玉柱第一次创业之所以能够成功，失败后又能东山再起，主要是因为他对暴利行业的追逐。对于将保健品市场搅得风生水起的史玉柱来说，2003年，他将旗下黄金搭档公司的大部分股权卖给了四通公司，虽然外界依此认为他想放弃保健品改投其他行业，但是他却当即对此予以否认，称其仍是四通公司的CEO，不会放弃保健品。史玉柱强调，网络游戏目前在IT业盈利水平最高，作为一个投资人来说，追逐利润才是天性。

企业营销的最终目的就是为了获得高利润，以此赢利。然而，企业在为自己产品定位的时候，不能仅仅以成本为依据考虑产品的定价。成本只是产品定价的一个参考因素，更重要的还是要看自己所销售的产品是什么，在市场中占据什么样的地位。

企业形成高利润往往有这样几种模式：垄断行业、高科技含量、品牌知名度、资源占有、人才资源等。高利润主要来源于创新所带来的优势，企业是否具有把握机会所要求的核心竞争力才是关键。因为未来市场的机会将会变得越来越少，而且控制机会的竞争确实越来越激烈。如果一个企业没有充足的资源、组织文化和核心竞争力，成功的机会可能变为零。

当然，企业在追逐高利润模式的时候，同样的风险也会大很多。这也就要求企业在追求高利润的过程中能够有一套完善的经营体制来支撑，并且还要有可规避高风险的办法。

史玉柱表示自己从来不做微利，他有他的理由，他认为微利将对管理层提出很高的要求，同时微利就难保证产品自身质量。史玉柱说："微利的企业整天想压低成本，所以微利的产品质量我觉得很难完全保证。微利企业的售后服务不可能跟得上，因为他微利。比如脑白金一年有庞大的售后服务队伍，在全国各地 180 座城市设了社会服务点，因为我有利润可以做到，但是微利不可能为一个产品花几千万做这个服务。如果是一个微利的产品就不可能提供很好的利润进行产品的创新，产品的研发投入往往是不足的。所以我觉得一个企业，应该避免做微利的产品。"当然，这是史玉柱的观点，还有很多企业追求"薄利多销"，属于经营理念的不同，并不是暴利行业就一定比微利行业更好。

1997 年，金融危机席卷亚洲，很多韩国企业遭受了沉重打击。三星也削减了旗下机构，将其 10 个事业部以 15 亿美元卖给海外财团。但"新经营"思想成为三星抢先一步完成调整的原动力，三星以危机为契机进行了彻底变革。长期以来，由于模拟技术起步晚于日本企业，导致三星多年来在模拟技术上只能亦步亦趋。但此时数字技术的突飞猛进让三星电子发现：数字时代的技术门槛并不太高，每个企业都有可能获得后来居上的机会，而不是像原来的模拟技术必须要经历长时期的沉积。更重要的是，数字技术的"无所不能"给了三星电子一个很好的发展空间，这也正是三星赶超日本企业的机会。

基于以上考虑，三星将追求的目标锁定在"具有高利润附加值的尖端产品"上，而对利润低而又没有成长空间的业务则坚决退出。1999年，三星电子在公司战略方面做出了有史以来最大的一次调整——"以数字技术为中心，经营核心转向自有品牌"。三星电子从此从模拟时代进入数字时代。与此同时，三星电子的核心竞争力也要从大规模制造转向基于数字技术的自有品牌建设。

由此看来，高利润的企业可以在本行业内做大做强。随着未来市场竞争的加剧和行业内的不断变革，经营市场将会不断淘汰旧体制，容纳一些高品质的企业寄居生存，只有当企业追逐高利润时，才能以此刺激并支撑企业技术的进步和更新，企业才能最终成长。

因此，每一个企业都应该以追求长期的、全部产品的综合最大利润为目的，这样，企业才可以取得较大的市场竞争优势，占领更多的市场份额，拥有更好的发展前景，以此让自己的愿景成功实现。

3. 盲目追求暴利必将失败

暴利行业看上去非常美好，卖一件产品等于别人卖二十件。但是暴利行业具有其高风险的特点，一个企业追求暴利可以，但是盲目追求必将以失败告终。在竞争激烈的市场上，有一些人靠投机往往不费吹灰之力地一夜暴富，因此给许多企业产生了极强的示范效应，导致不少中小企业也跟着蠢蠢欲动，盲目地将目标策略转向了寻求暴利的途中。

然而，有高利润的项目诱惑，就会有一批不顾一切勇敢的追随者，少数赢家的暴富却是以多数输家的暴亏为条件的。如果企业不看清自身资本条件，盲目地寻求暴利，那么最终只会是暴利追逐下的淘汰者。

可以说"巨人之死"的根源是巨人大厦。那么巨人集团当初为什么要盖这样一座超出自己财力、物力的大楼呢？史玉柱是这样解释的："1992 年下半年一位领导来我们公司参观，看到这座楼位置非常好，就建议把楼盖得高一点，由自用转到开发地产上。于是，我们把设计改到 54 层。后来，很快又把设计改到 64 层，此中有两个因素。一是设计单位说 54 层和 64 层对下面基础影响都不大；二是我们也想为珠海市争光，建设一座标志性的大厦。后来，1994 年年初又有一位领导来视察珠海，同时要参观巨人集团，我们大家觉得 64 层有点犯忌讳，集团几个负责人就一起研究提到 70 层，打电话向香港的设计师咨询，对方告之技术上可行，所以就定在 70 层。"

巨人盲目迎合政绩需要是导致"巨人之死"的重要导火索。巨人的失败教训以及所有进行过多元化扩张并最终失败的企业给史玉柱的警告是："盲目追求暴利必将以失败而告终，没有人能吃进所有行业。"

中国房地产行业的领军人物王石谈到房地产这个暴利行业时，表示房产商应该非常清醒地看到房地产这个行业在经济发展中扮演的角色。房产商的责任就是不追求高额利润，更不要追求暴利。"我们应该约束自己，自律、自保。如果房地产一旦最后高额的价格不能支撑的话，如果破裂的话，首先我们是受损害者。"暴利是不稳定的，尤其是对于一些中小型的民营企业来说，经营的本质不是考虑怎么赚钱，而是该如何有效地控制风险，只有将风险管理好了，利润才能跟随而来。

当然，有很多企业在被他人的成功之道迷惑后，才自觉不自觉地做起了危险的暴利游戏：觉得钱少了想办法圈钱也要做；没有钱，借钱也要做，贪图一时争斗之快，忘记企业有限的生存本钱，总想通过以小博大，实现大赌大赢。可是，等到最终醒悟过来时，才发觉原来暴利游戏根本就不好"玩"，要付出的代价是极大的。

其实我们可以看到，企业在追求暴利的过程中，赢家毕竟是少数。即使是少数赢家，也不是常胜将军。因为，当暴利真正成为某个行业公开的秘密的时候，就意味着该行业的微利、无利甚至没落时代已经到来。即使是"得先机者得天下"，还看你有没有能力把握先机，过于超前和实力不足都会让你大海翻船。企业不顾一切地盲目追求暴利，或许能得一时之利，逞一时之威，但最终的下场必然是血本无归。

海盐衬衫厂曾经是国内赫赫有名的衬衫加工厂，其本来是做衬衫的专业厂，而且只擅长做衬衫。然而，却因为其老总步鑫生盲目地跟随市场之风追求盈利，导致吃了大亏。

1984 年，中国刮起了一股"西服风"。起初，步鑫生不为所动，依然埋头生产衬衫。在有关领导建议下，步鑫生决定先办一个领带车间。然而这件事被另一位领导知道后，便让他不要缩手缩脚，大胆去做。于是，步鑫生开始办起印染车间，最后决定兴办西服分厂。

这项决策的实施非常匆忙，根本就谈不上对市场进行科学分析和对本厂的技术实力进行实事求是的评价。随后，由于国家宏观经济调控，压缩基建规模，海盐衬衫厂的西服大楼被迫停工。与此同时，市场也发生了微妙的变化，原来异常走俏的西服也出现了滞销现象；匆匆上马的印染车间，由于技术不过关而处于停工状态。在生产规模迅速扩大后，海盐衬衫厂又因为基础管理工作跟不上、产品质量不稳定，在1985 年的"全国衬衫评选会"上名落孙山，最终元气大伤，加速了企业的衰败。1986 年，备尝创业艰辛的步鑫生终因企业濒临破产而被免去厂长之职。

企业受暴利诱惑不是天生的，而是看到他人的暴富之后才红了眼，又因为缺乏对周围环境的机会、威胁的分析，以及对自身优势的正确看待，因此才高估了机会和优势的存在，从而低估了暴利背后的伤害。

据一项调查研究分析，中国企业家失败的原因，有 70%~80% 都是在于投资失败，投资又源于决策失败，而决策失败正是暴利诱惑在作怪。

　　每一个成长中的企业都应当多一些理智，多一些睿智，不要被那些一夜暴富的现象所迷惑，从而失去自己本身追逐的目标和希望，陷入成长迷区。只有脚踏实地，稳扎稳打地向着自己的目标奋力前进，才能真正为未来打好坚实的基础。

4. 降价就是自杀

　　在产品定价上，史玉柱有自己的理解，他认为企业不能随便降价，因为降价就是自杀，坚决不能搞降价促销。史玉柱说："我们应该追求长期收益，而不能仅仅看到短期收益。短期收益不外乎两点，急于收钱和降价促销。"

　　史玉柱表示："我一直反对降价促销，脑白金 11 年没有降过价。"史玉柱说，他曾经看过一个统计，世界各种有名的厂商，还未有一个案例是因为降价而增加了总销售额的。降价后，总销售额下降和产品死掉的案例比比皆是。

　　史玉柱是这样解释的，他认为当产品降了一次价格后，再降就要比第一次幅度更大，这么降价时间长了看上去销售数量变多了，但是企业的利润极大地降低了，付出的代价非常大。的确，企业随意降价将带来诸多方面的问题。首先，短期内频繁降价不利于塑造品牌形象。根据传统的产品生命周期理论，产品分为导入期、成长期、成熟期和衰退期，而频繁地降价一般出现在产品衰退期。厂商频繁降价应注重考虑粉丝感受。频繁降价的确使企业短期内增加了营业额，扩大了自己的市场份额，但这对已经购买的消费者属于价格伤害，必定会催生其对这一品牌的不满情绪，对用户忠诚度产生负面影响。

另外，产品降价有时候会给消费者带来一种"产品差卖不动才降价"的误导，这是无益于增加销量的，反而是得不偿失。频繁降价的确能在短期内迅速提升企业市场占有率，但却也压缩了产品的利润空间。所以，史玉柱说："降价就是自杀。"降价永远都不是最好的促销手段，除非是你的产品不想长久地卖下去。

2014年，原价3000元的某品牌手机宣布降价，调整后的价格均降了将近一千元钱。只因为手机定价过高，一时间销量没跟上去，然而这一次降价引起了广泛争议。有一个网友的评论很具有代表性："我一学生党，暑假打了两个月工，买了你的手机，现在你说要考虑降价？"很多该手机的粉丝对降价并不买账，认为他们刚买完手机就降价被人嘲笑，而摆在企业家面前的难题是降价会惹怒粉丝，不降价又将那些潜在购买者拒之门外，所以艰难的降价之旅不走也得走，最终两头没讨好。

在今天这个同质化竞争十分激烈的市场中，你降价，竞争对手也跟着降价，甚至降幅更大时，价格这个有人称作"市场终极武器"的手段将失去作用。史玉柱认为产品不是不能降价，而关键点是在如何定价，定价完美就不用通过降价这种手段来弥补销量。

价格应该怎么定呢？史玉柱总结说："永远不能让消费者觉得贵，要让他能接受。"

他举例说，游戏中有一把最极品的刀，需要在上边镶一块宝石，让他花 1000 元钱。但是如果让用户花 1000 元买个宝石，大家肯定不买，后来的设计方式是，让他 10 元钱买 1 颗宝石，往上镶，成功概率是 1%，其实最后也是花 1000 元钱，但是这种方式消费者容易接受，消费面就宽。

从消费者的角度来看，消费者希望买到质优价廉的产品，企业推出价格较低的产品在一开始的时候的确会吸引很多顾客的眼球。但是当企业的产品不再新的时候，顾客就又有了降价的要求。所以，无论是从企业本身来说，还是从消费者的角度考虑，企业都必须制定一个高于正常价格，可以随时调整的价位。

价格的浮动既可以让消费者产生得到实惠的心理，也可以让企业保留一定的价格底线。比如，当企业新产品刚上市的时候，可以提升产品的价格，当产品上市了很长时间之后，企业可以大打促销的价格，再次吸引消费者注意。

当然，很多时候，我们看到某个商品品质很好，价格也非常便宜，但是销路却并不好；而同品质的产品，价格比较高，再加上一些促销手段，销路反而不错。可见商品定价不是越便宜越好，那样不但赚不到应得的利润，还可能费力不讨好。

5. 拥有回头客才能赚大钱

史玉柱说："一个产品，想要赚钱，最终要靠回头客，赚钱是在这些人身上。"过去叫"回头客"，现在叫"粉丝经济"，都是通过消费者对产品的忠诚度来赚钱，他们会买你一代又一代的产品。

当同样的产品以同样的价格出现在消费者面前时，作为一个成熟的消费者，一定会参考出售这种商品的商家口碑如何，然后选择购买口碑更好的那家产品。所以不用怀疑，对于任何一个生意人来说，口碑都是一种不能忽视的资本。

史玉柱曾经说过一句话："有什么样的好口碑，我就能预测到全国的市场。"企业产品是否有好的口碑，往往是企业品牌建立以及在客户心中是否树立信任的标志。学会树立好的口碑，才能真正赢得消费者的心，从而帮助企业盈利。

有记者曾经向史玉柱询问，在打造脑白金的过程中，除了广告，还用了什么招？史玉柱回答道："在低谷的时候，我曾经研究过市场问题。我就分析中国的保健品，10 个里面有 9 个是不赚钱的。为什么不赚钱？可能产品功效不明显；也可能有功效，但消费者感觉不到。那么就特别依赖于广告。广告一打，销量就有；广告一停，销量就下。这样的产品的市场没法靠口碑去维持。

　　"实际上在广告高投入的时候你是不赚钱的。老是不赚钱，你这个企业就受不了。所以保健品要赚钱，必须靠口碑相传，靠口碑相传来起到广告效应，赚口碑相传的钱。

　　"那个时候，我在江阴开座谈会，了解脑白金的营销情况。座谈会结束后，我就跟我们周围几个人讲，我说我们有戏了，我们能做起来了，靠这个口碑的力量就能把我们的市场做出来。到那个时候，我对中国的保健品市场已经很熟悉了。"

　　一类产品要想从竞争激烈的市场中脱颖而出，那么首先就要以诚意为保证，赢得消费者的喜爱，这样才能在同行中脱颖而出。只要产品的口碑在市场上一打响，那么企业产品的价值就会增加，企业自然也会跟随增值。

　　当然，好的服务是形成好的口碑的重要因素，虽然很多企业认为这样将会花费很多的人力成本，但是和那些惹消费者烦的广告相比，哪种投入更划算呢？企业要多为消费者想一点，多考虑消费者的感受一点，多重视他们的声音一点，企业就可以省一点，并还可以多赚一点。

　　另外，企业在经营产品的过程中，一定要懂得让每一位对你有兴趣的顾客都微笑而去，虽然有些顾客不一定会买你的东西，但是你的表现会让他们津津乐道，因此他们更会主动帮你传播你的与众不同和你的热情好客，很多时候，有些顾客还会被你的真诚打动而改变主意。

　　在全球华人富豪当中，台塑集团董事长、人称"塑胶大王"的王永庆，起初创业的时候十分艰难。而后他开始思索生存下去的办法，那时候，稻谷加工非常粗糙，大米里有不少糠谷、沙粒等杂物。在这种其他卖家都认为很正常的"普遍现象"中，王永庆却发现了"商机"。

王永庆决定以此为突破口，通过帮助顾客解决质量问题来提升口碑。于是，王永庆和伙计们一齐动手，将夹杂在大米里的糠谷、沙粒统统清理干净。花同样的钱，谁不爱买质量好的大米呢？就这样，王永庆比其他米店高了一个档次的米，自然就受到了更多顾客的欢迎。

此外，王永庆还发现很多顾客买了米再运回去是一件很麻烦的事，而且有的顾客年纪大了更不方便，于是王永庆就免费把大米帮顾客送到家中。王永庆处处都在为顾客着想，周到的服务尤其令那些老弱病残的顾客感激不尽，自从买过王永庆的大米后，再也没到别家米店去买过米。当然，他的口碑也越来越好，生意也自然越做越红火。原来一天才卖12斗米，后来一天就可卖100多斗米。王永庆也就是从这家小米店起步，最终成为今日台湾工业界的"龙头老大"。

如果一家销售人员为顾客解决问题的态度非常好，而第二家则拒绝为客户解决问题或者态度非常恶劣，那么大家一定会把更多的肯定评价送给第一家，同时等于为第一家做了最好的宣传，其能带来的价值回报是比任何广告都大的。也就是说，如果你能在最短的时间内为顾客提供最优质的服务，顾客会不由自主地免费帮你做宣传，那么这就会成为最好的口碑。

但是，也有很多商家并不能认识到这一点，只求把产品卖出去。一旦出现了问题，不但不帮助顾客解决，还把一切过错都归咎在顾客身上。

其实，把产品销售出去并不是销售工作的终结，而是客户体会服务的开始，良好的售后服务才能让客户信任于你，让他们发自内心地说你好，这比你花几百万甚至几千万请明星做广告的效果更好，更持久。因此千万不要忽视了好口碑这一无形的资本所能带来的财富效应。

6. 商业模式搞对了，效益就会很快上来

《征途》推出后，史玉柱打破了传统网游的模式，当时的第一代网络游戏是以《魔兽世界》为代表的时间收费模式，玩家每玩一分钟都要花一份钱，而《征途》却创造性地发展了"免费游戏"的经营模式，不但对进入游戏的玩家不收取任何费用，而且还别出心裁地创造了以给玩家发"工资"为核心的"征途"模式，史玉柱将异业的经营理念和营销策略应用到网游经营中：亚运会期间征途网络在央视开播企业形象广告；而2006年第三届游戏产业年会期间，史玉柱又向全国玩家郑重许下《征途》"不是最好玩，就赔人民币"的承诺，赢得了业界内外及玩家的广泛赞誉。2006年年末，《征途》开展了网游业最大红包的"亿元大礼包"活动，将对玩家的回馈发挥到了极致。

一系列创新使《征途》成为 2006 年网游界最成功的网络游戏之一，也是首款同时在线人数超过 75 万的 2D 大型 MMORPG 游戏，《征途》的良好表现以及 2006—2007 年度在网游营销方面的巨大成功，让史玉柱荣获"2006—2007年度中国互联网市场年度先锋人物"大奖。

商业模式说白了就是一个企业如何优雅地赚钱。商业模式要说给投资人和员工听，说服投资人相信你有赚钱的能力，投资人才会投资给你；说服员工你有长远发展的能力，员工才会为你效劳。当企业的商业模式搞对了，就说明已经在市场上有其独特的地位，因此效益就会很快上来。史玉柱把这点发挥到了极致。说起来也简单，那就是脑白金的保健品模式以及全国迅速铺货模式，网络游戏免费以及交友模式。这就是其成功的商业模式，一时之间市场上出现了无数个史玉柱的模仿者。

盈利模式并不等于商业模式。一个企业的盈利模式往往是指眼前的比较近期和短期内如何挣钱、产生现金流，而商业模式关注如何长期挣钱。比如，当你发现一个地点出现了一家餐馆很挣钱，你就会发现有人模仿到那里开餐馆，往往也有每日流水进账。这是盈利模式，但是你不能靠模仿他人来长期挣钱。

商业模式最为关注的不是交易的内容而是方式，其目的不在于概念的重整而在于实现营收与利润，因而盈利模式是成功商业模式的核心要素。成功的商业模式必须具备一定的独特性与持久性。所谓"独特性"，就是能构成企业的竞争优势，且在同一行业中难以被竞争对手所模仿或采用；所谓"持久性"是指能够支持企业持续赢利。

小米成功的根本原因在于其独特的商业模式：硬件＋软件＋互联网服务。小米的销售收入绝大部分来自硬件，且其中大部分来自手机，给人"小米是一个手机公司"的感觉。然而，小米将手机硬件卖给用户之后，其软件支持和互联网服务才刚刚开始。以小米手机为例，其 MIUI 操作系统是小米研发人员基于安卓系统自己开发的，内置很多小米独特的服务，如米聊、小米商城、小米壁纸、小米阅读等，用户用到这些服务，就是在给小米二次赚钱。

在营销方面，小米手机除了运营商的定制机外，只通过电子商务平台销售，最大限度地省去中间环节，从而最终降低终端的销售价格。

大部分手机厂商以卖手机挣钱，但是小米却把手机价格压得极低，对于小米来说可能卖出去一千万台手机，每一台都利润极低，但带来的却是一千万移动互联网用户！

找准自己的商业模式，对于一个初创企业是极为重要的，这关乎企业能不能在商界中立足的问题。有一个好的商业模式，成功就有了一半的保证。我们熟悉的麦当劳、沃尔玛、星巴克等众多企业就是以商业模式取胜的，麦当劳的汉堡水平并不是最好的，星巴克的咖啡也并非最好的，但它们是全世界连锁最多的汉堡店和咖啡店。商业模式不是一成不变的，当有天才企业创造出一种商业模式后，就会引来无数人的跟风，而且市场也在不断地变化，一个公司的商业模式必须能够适应市场，而最好的公司的商业模式永远在创造市场。

7. 商人做的事情就是在不危害社会的前提下赚取更多利润

2001 年 2 月，上海《解放日报》第四版刊登了一整版彩色广告：史玉柱感谢上海人民。打开报纸，映入眼帘的是两个 20 多厘米长的大字："感谢"。

史玉柱在接受媒体采访时说，1999 年下半年自己率领旧部移师上海，成立上海健特生物科技公司扩展脑白金业务时，抱的最大目的就是要还钱，把债务还清。他说，当时我们最大的目的就是还钱，自己年纪还不算大，还想再做点事，不愿一直背着这个污点。为此，巨人集团一直没有申请破产，虽然从法律角度看，作为一个有限责任公司，只要申请破产，个人就无须承担偿还全部债务的责任。

史玉柱追求高利润，但是他不会为了利润而去危害社会，他欠下巨额债务，也一定要亲手还上，他不想给社会造成任何麻烦。商人要赚钱，不赚钱是不负责任，但赚钱要有道，不能危害社会，不能抛弃道德，不能违反法律，这是最大的前提。

现在有些企业为了牟利产品质量造假、虚假宣传的新闻屡见不鲜，很多厂家为了一时的利润做了不好的事，这样对企业是不负责任的，对社会大众更是有危害，这样的企业没有一家可以长久。

犹太人赚钱从来不会遮掩，他们大大方方地赚钱，同时也不会为了赚钱而出卖自己的良心，这是值得很多人学习的。做企业永远都不能出卖自己的底线，不能为了高利润而做危害社会的事，这才是企业的长久之道。

美国谷歌公司自诞生就提出了一个口号叫"不作恶"，当一些商业人士加盟技术驱动的谷歌之后，谷歌创始人之一阿米特·帕特尔（Amit Patel）和其他一些早期员工都持抵制的态度。他们担心，未来可能迫于客户的要求更改搜索结果排名，或者开发一些他们不愿意开发的产品。

谷歌 2015 年共计屏蔽了 7.8 亿所谓的"坏广告"，谷歌表示，该公司 2015 年还屏蔽了 1 万个销售虚假商品的网站，关闭了 1.8 万个销售虚假商品的账号，同时屏蔽了 1250 万个不合规的药品广告。要知道这些都是能为谷歌带来广告收入的啊。除了广告之外，谷歌针对不符合谷歌政策的不良网站和移动应用，还终止或拒绝与他们的合作。仅在 2015 年，就拒绝了超过 140 万个合作申请。

马云也说："有人说我们现在的互联网企业没有节操，没有底线，我认为它们之所以能走到今天，正是因为有节操、有底线，否则早就没了。但是，互联网企业也是任何人组织的企业……阿里巴巴现在有 3 万员工，理论上有 30% 的人会做愚蠢的事情，总数将近 1 万，但可以通过制度、体系、文化技术等来发扬善、控制恶。大公司能走到一定的规模，一定有独特的原因。"

法国皮莱尔矿泉水公司生产的皮莱尔牌瓶装水来自法国南部的优质矿泉水，畅销欧美市场。当年该公司在跟踪其产品质量时，发现有 13 瓶含有微量有毒化学物质的矿泉水出了厂，于是便从 120 个国家召回 1.6 亿瓶该牌矿泉水，皮莱尔公司为此付出了 3500 万美元的召回费用，并遭受 4000 多万美元的销售损失。而事实上，那 13 瓶矿泉水中的化学物质还没有达到危害人体健康的程度，但是皮莱尔公司的董事长力排众议坚持要召回几乎全部矿泉水。召回矿泉水是该公司主动发现产品质量问题所采取的积极补救措施，表面上看，公司为此付出了很大代价，甚至可能还要冒其声誉受损的风险。但实际上，公司管理层通过此事不仅公开向社会和顾客表明公司的追求高质量产品和对消费者高度负责的理念和行为，还不会降低公司的声誉和信用，相反，这件事向人们证实该公司是极有社会责任感的公司，同时还提升了公司的形象。

史玉柱充满深思地说过这么一句话："在世界上的其他地方，要想一夜成名、一夜暴富，基本上可能性比较小，但在中国，只要你足够执著、诚信，勇于承担责任，你就完全有可能成功，一言以蔽之，你可以'赢在中国'。"

8. 投资不做短线，做长线

史玉柱做事情目光看得很远，以他做投资银行为例，他只做长线不做短线，他说："我觉得投资民生银行就是长线投资，因为我是投资不是投机，投机是博取短期的差价，我和我的团队没有这个能力，但一旦看好这个公司有长期投资的价值就应该买了股票之后长期不动，就像巴菲特那种要持有相当长的时间。"

很多人都觉得巴菲特是"神"，但是如果知道巴菲特的某些投资习惯的话，你就会明白他能坐稳全球第二大富豪宝座并不是所谓的运气或者"神算"，而是他的耐心，巴菲特才是真正的放长线钓大鱼。

2011年，巴菲特买入IBM共107亿美元股票，随后又入手50亿美元美国银行的优先股，决策只用了很短的时间。巴菲特接受了采访，记者问道："这是一个高科技公司，你从来不买高科技公司。你怎么会买IBM这家高科技公司的股票呢？"巴菲特的回答是他过去50年每年都阅读这两家公司的年报，在50年长期追踪研究基础上，巴菲特才做出购买的决策。巴菲特说有些事必须要很长一段时间才能完成："无论你多么天资过人或者多么拼命努力，有些事还是需要经过一段时间才能完成。"

大多数创业者都还不明白，新产品盈利是要花费很长时间的，有统计称创业公司实现盈利平均需要三年。IDG 资本合伙人过以宏说："一级市场投资要长期、有定力，打个比较形象的比喻，长期投资就像往储蓄罐里面放钱，不到年底不能把罐子砸开。把钱锁定不是坏事，把钱拿来拿去不见得是最好的财富管理。"

投资永远都不能急于求回报，今天投资恨不能明天就拿到利润，这是不可能的。做企业也是如此，很多创业公司因为长时间不盈利就开始走"邪门歪道"，最后把自己搞垮。

在阿里巴巴刚刚开始的时候，马云最常说的一个词就是"活着"。阿里巴巴必须活下去，一定要活下去，但是这个时候，他们尚且不知道如何才能让网站盈利。在 2002 年，马云给阿里巴巴定下的目标就是"赚一元钱"，他对自己的员工说："要赚100 万，谁都不知道该怎么去做，但是要赚一元钱，谁都知道怎么做。每个人多一个客户，对客户做好一点，让成本减少一点，这就可以了。"其间也有很多广告商或者其他人来找到马云，说可以给他很多钱，但需要如何如何，马云统统拒绝，有损企业的宁可饿死也不要。马云坚信坚持下去，未来就会盈利。

通过他们的不懈努力，在 2002 年，阿里巴巴成功盈利 5万元钱。5 万，和今天他们的盈利额相比真的是不值一提，但是在互联网最为严寒的时候，阿里巴巴成为了最早宣布盈利的网站之一，也是凭借着这点，阿里巴巴的实例被选入了哈佛商学院的 MBA 教材。

　　无论是做企业，还是做投资，如果对于眼前的利益过分重视的话，很有可能被其驱使而采用一些急功近利的做法，虽然可能一时获利，但是却丧失了长远发展的后劲。企业家想的应该是放长线钓大鱼，如果只是想着一夜暴富这样的事情，那么很快就会被充满诱惑的风险淹没。

　　做企业需要很多的耐心，耐心等待产品获得市场的认可，耐心等待逐步提高的盈利，更需要有长远的目光，为此甚至不惜舍弃掉一些眼前的小利益。这样，企业才能走得长远。

　　马云在一次大会上说："生意越来越难做，关键是你的眼光。你的眼光看的是全中国，就是做全中国的生意；你的眼光看到的是全世界，就是做全世界的生意。要有眼光，眼光多远，多大，决定未来。"正如马云所说，做企业或者投资在任何时候都不能心急，把目光放长远一点就能够获得足够的耐心，马云自 1995 年正式互联网创业，一直到 2014 年年末才登上中国首富之位，这不是心急就能实现的事情，一定要具有极强的忍耐力和长远的目光，一步一个脚印，不急功近利，才能走到今天的地步。

9. 盈利点并非纸上谈兵，要与实际相结合

　　史玉柱在《赢在中国》节目上，点评一位选手，该选手做的项目是宠物婚配网站，为宠物狗之类的找最纯正的血统

配种，该选手介绍说他联系了800家宠物店，免费为他们做推广，然后成功配种一次就拿50%的利润。

史玉柱是这样点评的："我觉得你存在两个问题。首先是盈利模式问题，这是你的重中之重。你必须找到你的盈利点，现在你自我感觉盈利点比较好，但预测和实际毕竟有差距。我觉得你的当务之急是要以最快的速度把自己的盈利点做起来，形成规模。"

盈利并非一纸规划，很多商业企划书看上去非常完美，但是实际操作起来往往会产生很大差异，导致项目付诸东流。2015年10月末，上海厨师上门O2O平台"烧饭饭"正式宣布停业。据创始人张志坚介绍，创业公司经常在外吃饭，既不卫生，体验也差，于是产生了"厨师上门做饭"的想法。然而经过将近一年的运营，"烧饭饭"并没有找到实际的盈利模式，没办法继续维持，只能关闭。

类似的案例每天都在发生，很多创业者拥有非常不错的创业点子，拉投资、找人脉，办起公司，然而现实与商业计划书里的构想并不匹配，最终熬不过长时间烧钱，创业失败。正如史玉柱所说，盈利并不是纸上谈兵，商业计划书上的预估、模型看上去都很美好，但终究没有经过真正的验证。

万达董事长王健林在接受媒体采访的时候说："商业的铁律就是盈利才能支撑持久。中国最早成功的几个电商都是烧钱模式，似乎颠覆了这个铁律，大家就认为中国电商一定是要烧钱。错，如果不找到盈利模式，完全靠烧钱，肯定活不成。"王健林的看法与史玉柱相同，能盈利是一切的基础。

1998 年马云以 50 万元起家时，中国互联网先锋瀛海威已经创办了 3 年。瀛海威采用美国 AOL 的收费入网模式，这对于经济发展水平高的国家本身经济实力强而且网络信息丰富的 AOL 是适用的。马云并没有采用瀛海威的收入模式，而采用了大量免费争取企业的方式。当时很多人看不懂马云要的盈利模式是什么，觉得这企业是一个不断烧钱的无底洞。随后马云建立电子商务诚信体系，企业需要缴费加入阿里巴巴的"诚信通"，这就开始为阿里巴巴带来了利润。

很多企业以"免费"起家，很多人不理解既然免费，那怎么能盈利呢？殊不知免费模式是有很多种盈利方式的。谷歌、百度、阿里巴巴这样的商业巨头，都是靠免费起家的，免费模式说着简单，无非就是把产品免费提供给消费者，但是要知道免费也是可以很赚钱的，免费模式几乎可以称得上是最伟大的商业模式，背后蕴藏着无穷的商机。

再举例，肯德基、麦当劳的厕所永远都是免费的，而且基本上都在二楼，他们甚至欢迎内急的人进去上厕所，无论你在不在里面买东西。这种做法就是免费模式的体现，把厕所建在二楼，上厕所的人就要路过吧台，就有可能被吸引，而且免费厕所的概念为其带来了很多客流量，厕所免费带来的是潜在的客户。

很多创业公司也学谷歌、阿里巴巴的免费模式，结果学了个照猫画虎，根本没有抓到人家免费的精髓就学，最终只能是失败。并且，免费只是商业模式的一种，无论是什么商业模式，最重要的是要有自己的特点，并且最好有实践的验证。初创企业可以先搞一些小范围的试点，来测试自己的盈利模式是否能够经得住市场的考验，这样再深入市场即可避免很多风险。

企业的盈利模式并不是能够学习得到的，每一家企业都应该摸索属于自己、适合自己的盈利模式，这样才有利于企业的长久发展，搭建适合自己的商业模式，并非凭空臆造。搭建盈利模式，需要企业结合自身的发展脉络、产品定位、产品特征、业务结构及所处的法规政策环境，经过调查、总结，提炼出自己的核心竞争力，找寻到合适的模式才行。

寻找企业合适的盈利模式，第一步靠准确的定位，找到自己的客户目标，清楚自己要干的是什么；第二步就是模式的建立，其实并不需要寻找到一个惊世骇俗、前所未有的盈利模式，只要在其他优秀的盈利模式上进行改进，去其糟粕，取其精华，并且改进得适合自己，能够与现实相结合，这就不失为一种优秀的盈利模式。初创企业能保证有稳定的盈利，一般都会走得长远。

第十章

谈团队：如何赢得下属死心塌地的跟随

· · ·

Capita 10

1. 创业初期，股权不能分散

史玉柱谈到公司股权问题，一针见血地指出："民营企业，创业初期，股权一定不能分散。到一定规模之后，可以股权分散，尤其上市之后，股权更应该要分散。但是，中国的民族特性决定了，早期的时候，在创业初期的时候，不能搞像五个哥们儿，每个人 1/5 的股份——这种公司十有八九是要出事的。如果公司小的时候、没赚钱的时候，大家都很好，如果一赚钱了，内部就很容易分裂。"

权力纷争是一种自古以来的"传统"，谁也不想多年血汗付诸东流，也不想多年感情分崩离析，为了避免权力纷争，最好的办法就是在分配权力时树立一个人有绝对的控制权。我们来分析一下当年乔布斯在苹果公司被赶出"家门"的经历，或许能找到一些启示。

1976 年 4 月 1 日苹果创立，乔布斯和沃兹尼亚克分占 45% 股份，另一个创始人韦恩占 10%。不久之后韦恩退伙，乔布斯以 800 美元回购其股份。随后马库拉参与进来，并带来了 9.1 万美元，当时计划股权结构变为乔布斯 26%、沃兹尼亚克 26%、马库拉也是 26%，留下 22% 股份用来吸引投资。

1977 年，股权结构变更为乔布斯 30%、沃兹尼亚克 30%、马库拉 30%，另一个工程师占 1%。随着苹果公司的蓬勃发展，苹果公司引入了多家知名资本企业和天使投资人的投资，在上市前夕，乔布斯的股份被稀释为15%，马库拉成为第二大股东，占股11.4%，沃兹尼亚克只剩下6.5%。

苹果公司上市后，马库拉担任了三年CEO，然而乔布斯却跑到百事可乐找到斯卡利，说道："你是想卖一辈子糖水，还是跟着我们改变世界？"斯卡利来到苹果公司做了CEO。内斗便开始了，斯卡利在董事会的支持下，其实就是在马库拉的支持下，解除了乔布斯的职务，只保留了董事长的虚职。已经出局的乔布斯心灰意冷，主动辞职，直到1996年才回归苹果公司。

乔布斯被赶走有很多原因可以分析，但有一点是毋庸置疑的，那就是苹果公司当时平分股权，堪称最大的败笔，否则的话乔布斯不会那么轻易地就被赶走。赶巧的是，乔布斯不仅平分了股权，还跟拥有同样股权的联合创始人马库拉闹掰，他找来斯卡利顶替了马库拉，直接导致"内战"爆发，几乎所有人都站在了乔布斯的对立面，出局是在所难免的。

这个故事充分说明了在设计股权结构时，创始人一定不能平分股权，团队一定要有一个主心骨，一个可以完全说了算的人。由于中国人讲究平分天下，刚毕业的大学室友或是企业里30岁不到的年轻同事一起出来创立一家公司，通常选择平分股权。平分股权堪称创业路上一大陷阱。平分股权给每一个持股人都看到了一种可以当"老大"的可能性，可能平时体现不出来，但是当持股人手里的股票跟企业创始人的股票相等时，心思就开始活泛起来，往往让蒸蒸日上的创业公司在一夜之间崩坏。

不要因为有三个合伙人，就把公司分为每人三分之一；或者两个合伙人，就每人百分之五十。要根据贡献大小、负责的程度来划分比例。当然，也不是说把大部分股权都集中在一个人手里就安然无恙了，还要给予其他合伙人以相应的权力，做到群力群策，保留少数派的不同意见，这样才能够走得长远。

武汉曾有一家 AD 咖啡店，该店开业后红极一时，然而三个月就倒闭了。该咖啡店的创始人是一个具有深厚人脉和能力的人，在该行业十余年，所以当他提出咖啡馆的创意后，有非常多的人表示愿意支持。随后该咖啡馆开始众筹，一共来了五十多个人，两万元一股，没几天就众筹了一百多万。

咖啡馆开始时客人很多，然而问题逐渐显露出来，该创始人发现常常连董事会都凑不齐人，原因就在于这五十个人每人 1% 的股份，就这么点股份人家还真就不在乎，根本就提不起兴趣，也没人帮助咖啡馆做些实质性的工作。而他自己和另外一个创始人加一起占了 50% 的股份也于事无补。最终咖啡馆只能黯然关门。

股权分配的要素是："不要平均，但要公平。"平均分配股权容易造成合伙人关于"谁的付出最大以获得最大权力"的争论，陷入争吵、斗争，再加上平均股权完全无法管控对方，争斗愈演愈烈在所难免。以 Facebook 为例，在初创时，三个创始人的股权中，马克扎克伯格以 65% 的股权绝对控股公司，这才使得他在之后的公司内斗中成功赶走另一创始人。但要注意的是，Facebook 仍然在全球社交网络里占据主导位置，并没有分裂成三家公司。如果他们也是均分股权的话，谁也不知道 Facebook 现在会变成什么样。

除此之外，还要注意几点。企业最早的创始人或者叫发起人，应该拿最多的股份，但要注意必须要获得其他合伙人的认可。在为几位合伙人分配好股权之后，最好留下一些股权，用来吸引风险投资，或者可以用来吸引第一批人才进驻公司。股权运用得当可以用来做很多事情，但若是不能合理利用便会给企业带来负面影响，因此，在合伙创业之初，便要与其他合伙人把股权的问题安排妥当，每个合伙人都得到自己应得的股份，股份问题不容小觑。

最好的做法是几个合伙人，由其中一个公司的倡导者保持最大股份，甚至可以高达50%以上。让一个最具有领导力的人保持最高的股份，能够有效地压制团队分裂的迹象，很多创业公司的倒闭不是死于市场竞争，而是死于赚钱后创始人的股权之争。

2. 领导真诚，才能赢得下属信任

"东山再起"是史玉柱的代名词，他既是让人引以为戒的失败典型，又是令众人敬仰的创业天才。但是，无论是得意还是失意，他身边总有一支死心塌地的队伍，这批无比忠诚的员工，甚至在发不下工资的时候也不离不弃。

这让人好奇史玉柱是如何笼络人才的，史玉柱说过他会用高薪激励员工，不过这只是手段之一，他还会弄清员工真正想要的东西，他对员工极为真诚，史玉柱说："如果你对你的部下内心不真诚，你会在你的言行上表现出来。我自我感觉，我的缺点很多，但我对我的部下很真诚，这样彼此容易建立一种信任。"史玉柱是一个很真诚的人，很多东西他不加掩饰，甚至能调侃、丑化自己。

真诚是个人人格力量的体现，真诚的人总能得到别人的尊敬。在企业内部，这份品质更显得弥足珍贵，一些企业家尚未意识到这一点，殊不知真诚是可以带来非常多的积极意义的。

1999 年的时候，一位日本客商来到奥康集团实地参观，对奥康的硬件设施非常满意，但出于第一次合作的谨慎，他所订的业务量并不大，并强调一定要按期完成生产任务。当奥康如期完成生产任务，正准备装货海运到日本时，不巧碰上了台风，等台风过后，离交货期只有两天了，海运已无法如期送到日本客商的手中。

本来按照合同，这是出于客观原因而无法按时交货，奥康集团可以不负责任。但考虑到若迟到几天可能会使对方造成损失，奥康董事长王振滔坚决要求把货物空运到日本。这大大增加了成本，但王振韬本着真诚的态度，他不希望让日本客商来承担损失，最终货物被如期空运到了日本。

日本客商后来得知后，对奥康集团非常钦佩，这位日本客商把接下来的几笔大业务都放心地交给了奥康，从此双方建立了长期稳定的合作关系。

这就是真诚带来的好处，企业家为人的真诚不只要对客户、消费者，更要对每天与自己朝夕相处的员工真诚。因为员工才是我们最大的助力，唯有对他们真诚，才能换来他们的不离不弃。

美国巴顿将军直率的性格和火暴的脾气是众所周知的。也正是由于他性情急躁，难免有时对下属造成某种伤害。然而，即便如此，巴顿的部下对他却始终非常敬佩、忠诚，并每每以自己是巴顿部队的一员引以为自豪。

有一天下午，巴顿将军来到连队的马厩检查卫生，突然发现有一匹马并没有拴住，在四处乱转，这样的疏忽让巴顿非常生气，他大声喊来马厩的马夫，命令马夫跑步前进把马拴住，然而马夫并未意识到巴顿有多生气，他只是快步走过去拴马。巴顿见到马夫如此怠慢自己，便当着众人的面破口大骂："该死的！我让你跑步！你究竟在干什么？"事后，巴顿却集合众人，为自己火暴的脾气当场向马夫道歉。一个军官能主动当众向一名士兵道歉，这可非同凡响。这件事很快在军营传开了，大家都对巴顿将军的行为称赞不已，这一次之后巴顿的威信又再一次获得了提高。

巴顿将军能够赢得部下的忠诚就在于他先对部下真诚，他不掩饰自己的错误和过失，总是能够率先做出深刻的反省和自我批评，这种伟大的人格魅力征服了他的下属。

史玉柱把类似巴顿将军的这种真诚发挥到了极致，在他的团队里是可以畅所欲言的，他也经常在会议中批评自己，尤其当他做出的决策失误之后，史玉柱就会对高管们进行自我反省。史玉柱认为那种死要面子拒不承认错误才会没面子，他在企业内部建立起真诚文化，视真诚为企业文化的重要组成部分。企业家的真诚不同于普通人，因为他们似乎总是高高在上，在很多人看来是"神秘莫测"的，正因如此企业家的真诚才显得更有分量。站在下属的角度也很好理解，下属们任劳任怨地工作，并不只是为了赚钱，还希望得到领导者的尊重，这尊重就是真诚地对待。

3. 清楚员工为何跟你干

建设企业团队是至关重要的事，史玉柱对此研究得比较透彻，他的看法也比较直接，但很有道理，他认为员工跟着老板干固然有情感因素在里面，但是还有更重要的因素，那就是员工的收入和员工自我价值的实现。

史玉柱说："包括我第一次创业的时候，老是想用事业心、企业文化去淡化这个，事实上是不对的。我觉得作为一个老板心里要明白是不是大声实事求是说出来，他凭什么跟着我干，就是为了钱。"史玉柱表示一个员工为了钱工作是再正常不过的事情，因为员工需要挣钱提高自己的生活质量。史玉柱说："在条件允许的时候应该满足他，他做出多少贡献你就应该给他多少报酬，所以上级对下级一定不能抠。员工该拿的钱一定要给他拿，除了正常该拿的钱之外，如果他有贡献的话你还要给特殊的收益，这是第一点。"

史玉柱谈到的第二点便是要让员工有自我价值的实现，史玉柱说："他总是想个人的价值实现得到上级、同事以及同行的认可，你就要创造这样一个环境，这样一个条件，你要给他搭舞台。"

网上有一句著名的话："给你理想的公司没有钱，给你钱的公司懒得给你理想。"对于一个想真正做点事业的企业来说，理想和钱都必须要给予员工，这还不够，在业务发展阶段，还要持续地用物质或者其他东西激励员工，使员工不断地保持对企业和工作的热情。

一直以来，很多企业通过加薪、年终奖金、福利津贴等诸多方式试图留住更多人才，有实力的 IT 公司甚至会出台各种令人艳羡的中长期激励，例如利润分享、股票期权、虚拟股票等。

腾讯公司看到了高房价对员工的压力，于是便推出了十亿元的"安居基金"计划，以不计利息的方式贷款给员工购房使用，这正说明马化腾对人才的重视，更说明了马化腾在用人方面的高明之处，房子可谓直击"痛点"，该福利政策让许多企业的员工都眼红不已。

摆在企业领导者面前永远有一道难题：人才为什么跳槽呢？激励人才的方法并不只有钱而已，对于很多有理想有抱负的人才来说，钱不是第一追求，尊重和自由、上升空间或许是第一位的，这一类人才需要一个展示自己的平台。当领导者用"管理"的办法来对待这样的人才时，是不奏效的。

薪水低、别的企业有更好的机会、领导管理方式不对、感到付出得不到恰当的回报等，这些都是人才跳槽的原因，管理者要善于激励，以激励带好团队，人性的特点是不喜欢为别人做事，却愿意为自己做事。所以，管理者要学会用一种"任务"的方式激励，可以许诺给优秀的人才："如果这个任务做得好了，下一个更难的还交给你。"这样也是一种非常好的激励。

发薪水是每一个负责任企业应该做的事情，如果员工的付出与收入并不对等，那么又何谈员工对企业的归属感。国内知名的海底捞通过其独特的商业模式迅速崛起，除了被人们津津乐道的"海底捞热情服务"外，还有其员工超乎寻常的凝聚力。

据说，有记者扮成顾客去海底捞吃饭，吃饭的时候跟服务员闲聊："你整天那么乐为什么？你不就做个服务员吗？"结果给人教训了一顿。服务员说我四十几岁的下岗女工找不到工作，海底捞一个月给我四千多工资，我睡觉做梦都会笑醒。

海底捞员工凝聚力强最重要的原因就是工资高，普遍是一线城市的中等工资。除此之外，海底捞还有公平的绩效奖励，家庭一样的氛围，使其产生了极强的凝聚力。

海底捞历史上有个很经典的故事，有一次有客人在店里闹事，和店员动起手来，那些小混混回去叫人，不一会儿来了一卡车的人，手持铁棍声称要砸店，当时的店长是杨小丽，女孩，身高只有 1 米 5 几，但是杨小丽一声令下，所有店员抄起桌椅板凳冲出去，杨小丽一个弱女子站在最前面。《海底捞你学不会》的作者黄铁鹰教授写到这个细节，他事后问杨小丽，你不害怕吗？杨小丽当时的回答耐人寻味，她说一个店装修要好几百万，绝不能让他们砸了。这个死心塌地的姑娘杨小丽，现在是海底捞的高级副总裁，是海底捞CEO 张勇最得意的助手。

员工们其实很单纯，他们要得不多，他们只是需要一个舒适的工作环境，合适的工资水平以及有归属感的团队。企业需要把员工放在重要位置，没有天生忠诚的员工，只有逐渐对企业认同的员工。

4. 不用空降部队，给员工发展的空间

史玉柱对于人才的使用有这样的观点：尽量不用海归高才生，而用国内自己培养的员工。他说："外面那个人是MBA 毕业的，是个海归，这个人有多大本事，然后聘来做总经理，这种事我们不做。不是说他没有本事，而是中国很多企业的特点造成的。固然他有可能很有本事，但是有没有本事是相对的。比如一个外科医生，在他的手术室里面，他是个人才，他跑到商店里面，要当促销人员，可能还不如一个小学毕业的，他就不是一个人才了，人才是相对的。"

史玉柱觉得企业已经聚集起队伍了，你从外面空降下来

几个人才，公司的管理层、下面的员工都很难去接受，"你再有本事，只要大家抵制你，你也没办法。但是你也不可能引进一个大海归，就把所有过去的人通通都换掉，也不可能。"史玉柱觉得哪里都有真正的人才，人才不一定要去外面找，也不是说海归人才都是名不副实，他认为在"那个特定环境下，是个人才；换了个环境，就不一定是人才"。

高学历、高职称的人相对那些没有学历、普通的人来说，在某些方面的确占了很多优势。然而，有优势不等于他们在各方面的能力就必定强过这些人，也不能说只有这些有学历顶着桂冠的人才算是人才。在西方有这样一句名言："垃圾是放错位置的财富。"这充分说明，人才其实也是相对而言的。

一个人是不是人才，能不能够完全发挥他的作用，关键是看把他放在什么位置上，只要他在这个位置上能够做好，做出成绩来，他就是人才；如果不行，即使顶着再多的桂冠，他也不是人才。

阿里巴巴成立之后，马云把企业目标定为全球化的企业，又刚刚得到软银大笔的投资，马云便从全球各地招揽了大量国际知名院校的 MBA。马云曾对自己的十八罗汉讲过："你们只能够担任排长、连长的职务，团长以上的职务我要另请高明。"阿里巴巴在刚起步的时候，为了能够尽快地步入正轨，他请了一个曾经非常成功的职业经理人。这位职业经理人的确魄力很大，张口就要 1500 万美元的预算，把马云听得目瞪口呆。因为这个时候阿里巴巴的几位创始人掏尽了口袋，也不过凑了 50 万元创业资金，与这位成功人士的要求差距太大。最后只得将对方送走了。几乎所有高才生都表现得不尽如人意，马云最后将 95% 的 MBA 都赶走了。

马云把此次经历形容为："把波音飞机的引擎装到了拖拉机上，结果就是四分五裂。"当然，马云也不是全盘否定高才生，他说那些职业经理人、MBA 管理水平确实高，但无奈不适合阿里巴巴这个草根出身的企业。马云说："就如同把飞机引擎装到了拖拉机上，但是如此高性能的引擎真的就适合拖拉机吗？业界的高手们讲起来头头是道，感觉真是很有道理，但是结果却是做起来全错！当时公司的发展水平还容不下这样的人。"

马云多次表示创业要找最合适的人，不要找最好的人，也不是完全抛弃掉高才生，要到企业稳定发展之后，具有更广阔的目标之后，再去聘请其他的优秀人才，这样渐进式才有好处。马云在抛弃"海归"之后，大胆起用身边的"土鳖"，尤其是重用原来的联合创始人，这些人都取得了非常好的成绩，不过这也不是说阿里巴巴团队都是"土鳖"，其实从联合创始人开始，就没有真正的"土鳖"，"土鳖"只是相对而言。

企业家应当为自己的员工建立一套完备的上升体系，供员工学习、成长，在里面选拔人才，这远远要比从别的地方寻找人才要靠谱得多。国内一家知名公司就是这样做的，该公司会为每位新员工配一位导师，在辅导专业技能的同时帮助新人们了解公司文化，此外还会安排他们参加一系列丰富完整的新人培训。新人入职的第一周可自由组合，可以随机采访公司内的老员工，请他们讲述在企业内的经历和故事，感受老员工对企业文化的切身体会。这令新人刚刚入职就迅速融入企业中，并对自己的未来职业规划产生良性促进。

此外，在后备干部的培养项目中，该公司还专门安排了经营理念、管理理念、研讨沙龙等活动，让学员和高管互动，更深入地了解企业文化背后的故事。为了建立完善的职业发展体系，费了很长的时间和人力，最终打造出管理发展和专业发展双重晋升发展通道，以引导员工清晰定位并明确自身的职业发展目标，各尽所能。并能通过科学的培养方法培育更多的人才，能根据科学完善的考核制度让真正的人才得到与能力相匹配的提升。

就像一列火车飞速前行，想要长久地保持速度，那么就需要火车上、铁轨上每一个零部件都保持最佳状态，如果想变得更快，就需要使用更好的零件。员工就是这样一个个零件，他们的成长直接决定企业的未来。

5. 多引进战术人才，少引进战略人才

2015 年 8 月，久未露面的史玉柱出现在巨人员工大会，他给员工们分享了最新的观点，其中一条就是谈到战略问题："因为整天想着战略、讨论战略是最耗时间的，容易让团队眼高手低。我们公司只有三个人可以谈战略：我、刘

伟、纪学锋，其他人别谈战略。"这两个人是史玉柱的"左右手"，是巨人网络的总裁。

史玉柱说："企业制定战略的人不需要很多，如果一个企业制定战略的人太多，就会整天在一起夸夸其谈。制定战略的人是谁呢？就是公司董事长。然后他负责到处打听消息，开拓知识面；比如去读书，今天听听这个经济学家的，明天跟那个企业家去交流；然后身边再安排几个顾问或高层人员进行培养。我曾经培养过很多战略人才，但后来都离开了。"

史玉柱对此很遗憾，这种只会夸夸其谈的"战略人才"耽误了不少计划的执行，史玉柱评价说："往往水平不高的人自封为战略家，因为那东西是看不见、摸不着的，没办法证实的。而战术问题是，你做得出来就是做得出，你做不出来就是不会做。"他强调一个员工最基本的要有执行能力，尤其要有执行战术的能力，善打小规模战斗，而企业真正的战略走向留给董事长以及高层们就好。

战术型的人才显然要比所谓战略人才重要得多，他们是公司的中流砥柱，他们在公司里，扮演着执行战略的角色，没有一群战术型人才负责执行，再好的战略也只是纸上谈兵。战术性人才一般都是在他们所在的专业领域表现突出，他们对自己的专业有深入的了解，最后爬升到该领域的专家。

在小说里或者电影里，常有不按常理出牌又往往把事情做成功的男主角，这些人特立独行，总是破坏规则。还有一些老好人在企业里"享福"，做不出突出业绩，仗着自己进公司时间长，跟每个人都和和气气的，对于这样的人，企业领导者就是拉下脸也要跟对方说"拜拜"。

社会人文学博士霍夫斯坦德曾经说过："企业文化是一种软的、以完整主义理论为依据的观念，但其结果是坚实的。"企业绩效非常重要，但是更重要的是好的成绩是怎么得来的，中国有句老话叫："水能载舟亦能覆舟。"企业员工扮演的就是这样的角色，他们可以把企业的业绩搞得红红火火，也可以把企业搞覆灭掉。

马云曾经说过一句著名的话："刚来公司不到一年的人，千万别给我写战略报告，千万别瞎提阿里发展大计……谁提，谁离开！但你成了三年阿里人后，你讲的话我一定洗耳恭听。我们喜欢小建议小完善……我们感恩你的每一个小小的完善行动。"马云也不喜欢那种纸上谈兵的人，他比较喜欢脚踏实地的年轻人，任何企业都需要大量真真正正做执行的员工，他们才能让战略发挥最大的效益。

个人执行力决定个人的成败，执行力的定义很简单，就是按质按量、不折不扣地完成工作任务。这是执行力最简单也是最精辟的解释。但是正是这么简单的执行力，却是很多个人、团队、企业所欠缺或者说是不完备的。真正的人才会在第一时间完成上面交代的任务，一般不会出现差错和失误，把任务交给他总让人放心。当然，执行并不是囫囵吞枣般地上面让怎么做就怎么做，人才会把上面的意图充分领会，实现战略层面的对接，出色地完成任务。

张小龙研究生毕业后在一家软件公司工作，据周鸿祎回忆，1998 年左右张小龙就已是非常厉害的程序员，张小龙当时在编写免费共享邮件客户端软件 Foxmail，张小龙以一人之力开发出的软件，足可与一家公司相媲美。Foxmail 3 年之内积累了 200 万用户。

但张小龙不是一个喜欢创业的人，Foxmail 用户越来越多，张小龙一个人维护的任务越来越重。此时，刚出任金山软件 CEO 的雷军给张小龙发了一封邮件，谈论的是 Foxmail 的漏洞，随即提出收购 Foxmail，张小龙开价 15 万，想一卖了之去美国。可雷军当时因为其他事情烦扰，收购就没成。两年后，Foxmail 卖给了博大，价格是 1200 万。张小龙也成了博大的技术负责人。

2005 年，博大被腾讯收购，张小龙正式进入腾讯，开始了 QQ 邮箱生涯，张小龙将 QQ 邮箱打造成中国第一邮箱。2010 年，张小龙给马化腾发了一封邮件，里面表示即时语音通信软件即将崛起，建议启动项目。马化腾给了张小龙一亿元研发资金，自己组建团队，告诉他一定要成功。最后微信诞生了，张小龙被称为"微信之父"。

张小龙就是典型的战略与战术执行双人才，但是他的聪明之处在于他不乱说话，只给马化腾发一封邮件提建议，其他时间就是默默地做好交代的事情，他把 QQ 邮箱做到极致，不弹广告、无限容量，他把微信从 0 做到 5 亿用户。

选用有超强执行力的人才会让企业家"省心"很多，而那些自诩"战略家"的人才，大多是未经过真正考验的大学毕业生，空有热情，并不能够真正地制定战略，所以企业在选人的时候一定要注意这一点。

6. 老板要想大富，先让员工小富

2015 年 12 月，此前称自己"退休"的史玉柱重回巨人网络，主抓研发工作，他在微博上透露自己已经回到巨人大厦上班了，他还说回到公司的第一件事就是"决定给研发人员加工资，平均幅度加 50%"。

史玉柱很看重为员工开高工资，他认为老板想要赚钱就要先让员工赚钱，他问"为什么秦始皇能统一六国，成为第一代皇帝"，因为"秦始皇采用了耕占机制，即，抢到十亩田，分战士三亩，杀一个人，奖十块钱"，所有民众的积极性高涨。史玉柱说，做老板要敢分钱，敢分权，敢用人，而分钱决定了赚钱，科学地分好钱，才能让公司赚到大钱。

史玉柱有这样的观点："根据我的经历来看，给员工高工资时，实际成本是最低的，公司是主动的。在人才面前，若你比其他竞争对手给出的工资高一截，一年之后你回过头来看，你所获得的利润远远高于你所付出的成本，企业最高的成本不是给合格员工发高工资，而是还在给大量不合格员工发低工资。"史玉柱认为高工资其实是低成本，作为一个想要有所成就的老板就不能跟员工"抠"那三百五百的工资，那样只会让你离心离德，所以史玉柱是以高工资"利诱"员工，让员工产生高涨的工作热情，他们会给史玉柱带来更多的利润。

与史玉柱的观点相同，华为"大佬"任正非认为"高工资是第一推动力"，在任正非眼中，华为是"三高"企业：高效率、高压力、高工资。他坚信，高工资是第一推动力，重赏之下才有勇夫。

华为对员工们敢花钱是出了名的，新员工正式上岗前的内部培训期间，工资、福利照发不误，华为曾经提出："不敢花钱的干部不是好干部，花不了的要扣工资。"华为还鼓励员工在该花钱的时候一定要舍得花钱，对重点客户的投入不惜血本。1996 年，华为在开发上投入了 1 亿多元资金，年终结算后发现，开发部节约下来几千万。任正非知道后说了一句话："不许留下，全部用完！"开发部最后只得将开发设备全部更新了一遍，换成了最好的。

联想柳传志也抱有同样观点，在 20 世纪 80 年代联想最困难的时期，柳传志咬着牙拿出来 10 万元钱在山东聊城办了一个养猪场，让自己的员工能够吃上肉。在年金制度上配比 10%～20% 的奖金，等到员工退休的时候，能够有一笔退休金，这样员工就可以过很好的生活，如果这个员工在工作 5 年以后辞职离开联想，他会觉得联想是一个很好的组织。

让员工先富，是这些商业"大佬"都懂的道理，格力的董明珠甚至提出要主动给员工涨工资，不要等员工来要求涨。好企业一定要让一部分员工先富起来，如果老板看到员工工资高就眼红，就想尽办法克扣的话，那么最终损失的是企业利润。因为老板富有，对员工来说没有激励作用，在员工眼里赚的钱全是老板的，积极性自然大大下降。

企业里一定会有明星员工，这些明星员工也一定要比普通员工赚得多才行，因为明星员工至少在企业工作十年以上，或者年业绩创收几十万甚至百万以上，如果与普通员工享受同样的工资待遇，那么老员工没有激情，新员工没有动力。所以给明星员工最高的工资，激发他们继续前进，同时也给普通员工树立榜样。

一个聪明的老板一定要清楚地意识到，企业做得越大越不是自己的。企业财散人聚，财聚人散是一个永恒不变的真理。亿万富翁的老板要想尽办法培养千万富翁的经理，千万富翁的经理就会想尽办法培养百万富翁的员工。员工才会对企业产生更大的凝聚力，否则员工看到的是企业赚的钱都被老板收下了，自己辛辛苦苦干活打拼却赚得比同行们低，心里一定会难受。让优秀的员工先富起来是一种精明的策略，它会激励员工们更好地工作，产生对企业的认同感，共同为企业创造更大的利润。

7. 只认功劳不认苦劳

史玉柱谈到企业文化，他强调："我们企业文化里面第一条就是只认功劳不认苦劳，苦劳对一个企业是没有任何贡献的，不会带来任何利润，但是中国的文化里面，有句话叫没有功劳还有苦劳，其实你要把这句话明确地提出来，我们企业只认功劳不认苦劳，把它灌输下去，大家一旦认可之后，这样企业的效率自然就会高。"

的确，在现代商业体系中，苦劳其实是没什么用的。一个员工兢兢业业，每天按时上下班，在公司里勤勤恳恳十年，他有苦劳，但只是在做其他员工都能做的工作，并没有为公司带来更大的利润，换句话说该员工的工作连刚毕业的大学生都能胜任的话，那他是失职的。所以史玉柱才强调"只认功劳不认苦劳"，把员工的考核体系透明化。

在工作与生活中，经常可以听到有员工这样抱怨："老板太不公平了，我为公司干了这么多事、干了这么多年，没有功劳也有苦劳啊，凭什么我就领这么一点工资、拿这么少的提成！"此类员工说的话确实有自己的一定道理，但是作为企业的领导者并不会被这样的话"感动"。事实上，很多员工在企业中表现平平，毫无建树。他们可能在一个岗位上干了十几年，但天天日复一日地完成任务即可，从老板的角度来讲，如果老板念及其苦劳，纵容员工天天在公司里"养老"，势必会带来不好的影响。杜邦公司创始人亨利·杜邦为自己的企业制定了一个法则："企业利润高于一切。"在这个法则下，所有人一律平等，即使是杜邦家族的成员，如果没有为杜邦创造利润，照样会被解雇。杜邦公司坚信：只能家族服务于企业，不能企业服务于家族。杜邦公司对自己的家族成员尚且如此，何况对家族外的员工！所以，只有创造了成果、对企业的发展有功的人才能走上管理岗位。

　　企业是要注重利润的，老板给一个员工发 5000 元的工资，员工就需要给老板带来一万元的利润，只有业绩才能胜于雄辩。或许只看重业绩太过无情，但是对于有秩序的企业来说这是很有必要的，企业绝不能允许员工靠资历混饭吃，否则企业将越来越官僚化，逐渐举步维艰。

　　1993 年，郭士纳受命于危难之际，在 IBM 亏损惨重的时候走马上任，他干的第一件事就是裁员。在他的改革中，至少有 35000 名员工被辞退。裁员完成以后，他对留下来的员工说道："有些人总是抱怨，自己为公司工作了很多年，没有功劳也有苦劳，但薪水却还是那么少，职位升迁得也太慢。只是，那些抱怨的人啊，你想要多拿薪水，你要想升迁得快，你就应该多拿出点成绩给我看看，你就得给我创造出更多的效益。现在，甚至你是否能够继续留任，都要看你的表现！业绩是你唯一的证明！"裁汰冗员使 IBM 重新焕发了活力，也激发了员工的危机感，很快 IBM 又重新强盛起来。

　　当时的报纸很多评论都说郭士纳"疯了"，但企业以功劳而非苦劳作为评价一个员工的标准，是商业发展的必然需要。员工只有不断地创造佳绩，不断地提升自己，才能被企业委以重任，成为公司不可或缺的人。

　　在国外的商业理念中，企业领导最看重结果与功劳，看重员工给企业带来多大的贡献。同样的两名员工干同样的事，企业领导看谁能在最短的时间做出最满意的成果，而不是看谁加班加点干了事。功劳体现了员工的能力与智慧，而不是过程上的辛劳。功劳是有效的业绩，苦劳则是无效的消耗。

也许有的人会说，为什么要强调员工的功劳，而不是苦劳？企业与员工的本质关系就是雇佣关系，一种商业上的交换关系，也是利益交换关系。老板为什么雇用你？是觉得你能够为公司创造价值，花钱雇员工为公司创造利润。老板付给员工工资或者薪酬，目的就是要看到员工的成果与价值。

中国是一个讲人情的社会，但这并不代表企业家就要对所有员工怀以深情，有时候就要通过规章制度"无情"一点，建立规范的奖惩体系，员工表现得好就拿高工资和奖金，表现不好就只能拿低工资，甚至走人，而不要留下一些只会混日子的"老员工"。

8. 要建立威信，首先要说到做到

史玉柱在接受记者采访时表示，领导者用人，第一条是说到做到，建立信任，这是首要的前提。

史玉柱把说到做到的文化融入巨人的企业文化里，史玉柱说："不少人喜欢拍胸脯，喜欢说大话，尤其是下级对上级说大话，也有上级对下级说大话，在这样的气氛下，这个企业的上下级之间就是没有信任。每次下级跟上级拍胸脯的时候，报下个月我要完成多少销售任务的时候，我们情愿他少报一点，但是你报了多少就一定要完成。所以，一个公司下对上，上对下，一旦这个氛围建立好之后，这个氛围也是很健康的。"

史玉柱的"说到做到"分两个方面：一方面是领导者自己说到做到，一方面是下属要说到做到。史玉柱认为领导者说到做到最重要："你只要承诺了，几月几日几点钟做完，你一定要做完。完不成，不管什么理由，一定会遭到处罚。往往越没本事的人，找理由的本事就越高。我们干脆不问什么原因了，你部门的事你就得承担责任，不用解释。所以现在大家都说实话，不搞浮夸了。"史玉柱是个典型且极端的实用主义领导者，他说："员工做出的承诺一定要兑现，一定要让他说到做到，做不到你也要想方设法帮他去做到。一个成功的企业必须要有这个作风。"

爱尔兰有一家著名的威士忌生产公司，每年销往世界的威士忌达千万瓶，该公司的总经理莱昂纳德开始为公司设定新的目标，在 2009 年，莱昂纳德宣布在新的一年将要销量翻倍，利润翻倍，圣诞节将会给每一位员工发一个大红包。

但是，让莱昂纳德没有想到的是，由于制作环节的失误，一批销往挪威的威士忌被检验出苯含量超标，不但价值千万的货物被挪威海关收缴销毁，而且公司还必须缴纳挪威食品安全部门开出的巨额罚单。

面对此等困境，莱昂纳德接连召开了几次紧急会议，在会议中有人提到圣诞节奖金是不是就不发了，能够省下来一大笔钱，用来交罚单。莱昂纳德却摇了摇头，他认为公司出现失误并不是员工们的错，而且员工们对于圣诞的奖金已经期待很久，如果公司不能兑现承诺，那么领导层一定会在员工中间丧失威信，这与公司资金损失比起来，要严重得多。

于是，在莱昂纳德的坚持下，当年的圣诞节奖金按时发出，尽管这一大笔奖金让公司的亏损状况雪上加霜，但是却赢得了员工们强大的凝聚力。2010 年，在莱昂纳德的带领下，员工们努力工作，最终打了一个翻身仗。

在下属们心中，领导代表了一种权威，如果领导者无法兑现自己的承诺，那就会让这种权威大打折扣。因此，领导者要说到做到，不仅奖赏要做到，就连惩罚也要兑现。员工是推动企业进步的力量，如果员工对领导失去了信任与好感，那么可想而知，这个企业的寿命也就不会长久。

美国作家阿兰·道伊奇曼在其著作《说到做到：如何成为真正的商界领袖》中，揭示了那些真正的领袖不平凡的品格，他指出："他们都在'行其所言，说到做到'，更难能可贵的是，即使在危急时刻，他们还依然如故地言行一致，这种行为胜于任何的雄辩，为他们获取了不可动摇的声誉。"真正的领导者都非常重视自己的言行，能对自己说出去的每一句话负责，会最大限度地兑现自己所说过的话，从来不会让人失望。

老话说"一言既出，驷马难追"，优秀的企业家们都有一言九鼎的品质，这就是他们可信赖的地方。给员工开"空头支票"是十分危险的，很容易让自己陷入"狼来了"的境地。真正的企业家即便由于种种原因没有办法兑现自己的话，也会向大家真诚道歉，请求理解。

据说乔布斯提拔副总时会让其明白一个简单的道理：你

与保洁员的区别在哪儿？"当你是保洁员时，借口有用，而副总与保洁员的区别是，借口不再管用了！"言下之意，一定要说到做到，不需要找借口。

领导者说到做到就是在增强团队的信任氛围，也只有一个互相信任的团队，才能够成就大事。除了领导者自己的一言九鼎，手下的员工也不要养成"信口开河"的毛病，正如史玉柱所说的，能做到多少就说多少，不要为了一时好看就夸大自己的能力，这种风气很容易给团队带来坏的习惯，所以企业家要杜绝下属养成此类习惯，从上到下都保持着务实谨慎的风格。

9. 公司未来是平台，员工越少越好

2015 年年末，史玉柱在巨人大会上发表演讲，他提到曾被邀请到芬兰一家公司，这家公司带给他一些思考："我去芬兰拜访了全球增长速度最快的移动游戏公司 Supercell，和他们的团队谈了五个多小时，给我的感触非常的深。Supercell 年税前利润 15 亿美元，这么大的公司究竟有多少人？到我们拜访那天为止是 169 人，其中研发人员一半，包括旧金山的研发团队，而且它还是一个跨国公司，在中国有分支机构，两个人。5 个人就能组成一个项目团队，单位作战效率非常惊人。"

史玉柱表示："我们中国的传统企业在配人上有误区，

比如这个部门算下来有多少工作量，先划一个大圈。每一个人是一个小圈，我要找很多小圈把这个大圈给盖上，这是我们的传统思维。但由于多数的工作具有脉冲性，并不是每个时间点都需要这么多人，所以这个思维有严重的问题。"

史玉柱说到做到，他逐步对巨人的组织结构进行改革，重回巨人管理层的史玉柱免掉133名干部，对"官僚管理层级"进行了"权力下放"改造，力图把巨人的效率提高，重新找到初创时期的激情。

史玉柱称："退休六年的我，最近砍向巨人网络三板斧：一、免掉133名干部，干部总数从160名降为27名。六层的官僚管理层级削为三层，权力下放。二、战略调整：手游为主、聚焦精品。三、文化改造：向陋习开刀，唤回创业激情。巨人千名研发人员年轻优秀，一定会有所作为。"

史玉柱是这样认为的："在我看来，未来公司就是一个平台，公司组成一个大平台，然后让很多小的 team 在上面跑，谁跑赢就成功了。未来的公司架构很可能就是这样一个强大、自由的平台，最后看你赚多少钱，而这个团队的人是越少越好。"

当企业越来越壮大时，"消灭中层"是很多企业的做法，这就是为了消减不必要的层级。传统企业的多层级结构很容易产生沟通成本、摩擦的矛盾等，这就是企业结构扁平化的意义所在。企业并不是人越多越好，传统认知上的人多力量大其实行不通。传统企业多为金字塔结构，上级发命令，一层一层地传递下去，然后执行，效率实属不高。在互联网时代，这种模式逐渐被淘汰，扁平化的组织结构有几个特点：没有强制性的中心控制；次级单位具有自治的特质；次级单位之间彼此高度连接；点对点地直接沟通……

德鲁克在《21世纪管理的挑战》一书中指出，在互联网浪潮下，根本就没有正确的组织结构，而是用变化多端的结构来对抗，无论用什么方式，唯有高效是其最直接目的。加里·哈默在海尔调研，他非常震惊，由衷地说道："未来的组织，没有层级。我把海尔和谷歌、微软等公司放在一起比较，发现这些大公司最基本的创新单元都非常小，而且人数非常少，有利于灵活地去面对市场。"他表示海尔因为其出色的组织结构，已然成为世界上最好的管理公司之一。哈默因为海尔的组织结构就得出如此高的评价，充分说明了"人少而效率高"的组织结构的重要性。

正如史玉柱所说"员工越少，效率越高"。新东方曾经试行分区管理制，4位副总裁每人负责管理5个分校。4位副总裁分区管理散布各地的一级分校，一级分校下面还有二级分校，从总部辐射到二级分校，要经过4个层级。这样复杂的结构让俞敏洪警醒，他开始用新的管理方式重新架构，改成垂直管理，效率一下子就上去了。

提高团队效率的基本方法有这么几种，强调灵活指挥、强调分权、强调沟通……企业家应当扮演监督者的角色充分放权给下属，自己只在上面做监督管理，把一部分权力合理地分给相关项目组，可以免去不少因决策延误导致的市场机会丧失，精简过后的团队整体运转效率会大大提升。

IBM 管理层最多时曾高达 18 层，IBM 最高决策者的指令，要通过 18 个管理层才能传递至最基层的执行者，不但传递速度极其缓慢，而且传递过程中的信息失真非常大。这是 20 世纪 80 年代的案例，在如今互联网时代若出现该类错误的企业，必将毫无翻身之地。

未来的公司发展方向是平台，公司不再是单纯的组织，而是一个能提供场地、人员、资源的平台，一个团队只需要努力完成自己的小项目即可，不需要开没完没了的会议，不需要组织没完没了的视察等，精简员工数量，让每个员工都各司其职，是现代企业维持高效率的重要方法。

第十一章

谈用人：让住别墅开宝马的员工有干劲

. . .

Capita 11

1. 大将无能，累死三军

用人，是企业家重要的一环。史玉柱是这样看待企业家与员工之间关系的，他说："员工绩效差，领导不要抱怨员工的无能，而要检讨自己。"史玉柱提出要从以下五个方面检讨：

一、错在选错人。企业家要检讨自己是否存在选错人的情况，本来员工并不适合做某项工作，你偏要他去做，最终出现了失误，就不要把责任归到员工头上。

二、错在如何带人。工作并不是分配下去就行的，还需要企业家时刻为下属指点方向，把员工带到正确的方向上，才能让工作取得突破性进展。

三、错在有没有建立规范的制度、流程和标准。规章制度是企业的根本，员工犯错有时候是因为规章制度的不规范，存在漏洞，企业家要及时完善相关制度、流程，把漏洞堵上，使制度更加明确。

四、错在不善于培养员工，没给员工授权锻炼其能力。企业通常喜欢找能力强的员工，但是这毕竟是少数，更多的员工需要企业来培养，包括建立企业大学或者其他培训，帮助员工成长，另外还要多给予员工上阵的机会，多磨炼员工。

　　五、错在没有建立竞争机制不敢于淘汰人，被平庸的员工绑架。企业内部如果没有良好的竞争机制，那么就如一潭死水，优秀员工与普通员工拿一样的工资、干一样的活，很没有干劲，最终沦为平庸，这都是企业家的失职。

　　这就是史玉柱说的"大将无能，累死三军"，一个不会用人的领导者，手底下再多的精兵强将也是白搭，很多时候不是人才不行，而是企业领导不行，有能人不会用，让千里马去耕田，让耕牛去拉车，迟早都会出问题。

　　企业家比普通人多的就是识人用人的能力，能够迅速辨识人才并正确地加以运用，还会使用不同的方式来增强人才的忠诚度，招揽越来越多的人才。领导者真正值得骄傲的地方就是手下有一群忠心耿耿、能力超群的人才。李嘉诚曾形象地说："大部分的人都会有部分长处部分短处，好像大象食量以斗计，蚂蚁一小勺便足够，各尽所能，各得所需，以量材而用为原则；企业又像一部机器，假如主要的机件需要用五百匹马力去发动，虽然半匹马力与五百匹相比是小得多，但也能发挥其一部分作用。"

　　汉高祖刘邦曾经说过："我治国不如萧何，出谋划策不如张良，带兵打仗不如韩信，但是我为什么能够夺取天下呢，那是因为我能任用他们三个啊。"真正的领导者能够把最优秀的人才招致麾下，使其忠心耿耿，还能够最大限度地发挥人才的能力，这就要相信身边的手下的能力，给他们足够的空间，他们一定不会让人失望。

松下幸之助先生说："我的企业之所以成功，是因为我能善用不同的人才。"阿里巴巴的马云有"十八罗汉"，联想的柳传志有"左右手"（杨元庆、郭为），巨人的史玉柱有"四个火枪手"，他们都必须充分发挥自己手下的才能，形成一个团队。美国圣迭戈大学的管理学教授斯蒂芬·罗宾斯对团队的定义是："为了实现某一目标而由相互协作的个体所组成的正式群体。"团队合作是一种为达到既定目标所显现出来的自愿合作和协同努力的精神。它可以调动团队成员的所有才智，并且会自动驱除所有不和谐和不公正现象，同时会给予那些诚心、大公无私的奉献者适当的回报。如果团队合作出于自觉自愿时，它必将会产生一股强大而且持久的力量。

1999 年，当马云收购陆兆禧的互联网长途电话业务小公司后，陆兆禧觉得马云是一个有能力的人，因此就跟着干了。到了 2003 年"非典"肆虐，深圳人人自危，业务根本没法开展，但即使在这样困难的情况下，在陆兆禧的带领下，阿里巴巴华南大区迅速壮大，到 2004 年 8 月，华南大区的业务团队已从陆兆禧组建之初的孤家寡人发展到百余人并负责管理福建区。对此，马云非常满意，他力排众议任命陆兆禧出任支付宝总裁。2004 年 12 月，陆兆禧带着手下 7 个人开始支付宝的初期创业。在陆兆禧的苦心经营下，支付宝开始几乎覆盖各个行业，长久占据第三方支付的龙头地位。2012 年 7 月，陆兆禧出任首席数据官岗位，负责全面推

进阿里巴巴集团成为"数据分享平台"的战略，向集团 CEO
马云直接汇报。如今陆兆禧接替马云成为阿里巴巴 CEO，马
云对他是极为信任的。

用人是一门学问，企业家的成败很大程度上就看用人
是否得当。企业家对于人才就像是亦师亦友，既要帮助人
才成长，又要给予人才鼓励，每一个人才都需要好伯乐来
挖掘。

2. 用人标准：又红又专

史玉柱说自己选人标准就两个：毛主席说的又红又专。
史玉柱说："红，指人品好；专，指他的业务好。其实这个
是两方面的，任何一个团队找人，都是能找到合适的人的，
又红又专的人都是能找到的。"

史玉柱继续解释道："红，我想稍微有一点经验的人，
其实他的人品早期还是能看出来的；专，其实很大部分跟培
养有关。你如果给他放在那个位置，却不授权给他，那他永
远专不了。你要把他放在那个位置上，还要授权给他，然后
就培养他。"史玉柱称自己很保守，关键岗位用人总是要用
跟了他 10 年以上的人，这样才真正了解一个员工到底忠不
忠心、能力侧重点在哪方面。

管理学家汤姆·彼得斯曾说过：企业或事业唯一真正

的资源是人，管理就是充分开发人力资源以做好工作。每个企业家都有自己的用人标准，管理大师、GE 前 CEO 韦尔奇对择人艺术也有其独特的见解。他认为，挑选最好的人才是领导者最重要的职责，领导者的工作，就是每天把全世界各地最优秀的人才延揽过来。韦尔奇提出了著名的"活力曲线"：一个组织中，必有 20% 的人是最好的，70% 的人是中间状态的，10% 的人是最差的。这是一个动态的曲线，即每个部分所包含的具体人一定是不断变化的。一个合格的领导者，必须随时掌握那 20% 的动向，并制定相应的机制在 70% 的"中间者"中发掘出有特长的人才，从而使 20% 的优秀者不断地得以补充与更新。通用公司讲究的是精英意识，年轻人在公司可以获得很多机会，根本不需要论资排辈地等待。

通用公司内部有非常多的经理人年龄只有 30 岁，并且这些人大都来自世界各地，通用公司在内部建立了一个良好的培训渠道，让达到条件的员工得到更好的锻炼，在公司里唯能力说话，不管这个人是从哪里来的、年龄多大，只要在某个岗位做得好就会给他重用的机会。

人才是对号入座的，企业需要的是各个岗位的人才，而不是目空一切的"天之骄子"，就好像比尔·盖茨在计算机领域算是天才，如果他愿意加盟你的公司，你敢用吗？你会用吗？这就像极度饥饿的时候捡到一块金子，金子固然好，但是那种状态下更需要的是一块面包。

其实马云讲的并不是人才与天才的争论，他讲的是"合适与否"，马云说："我的建议就是寻找适当的人才，然后投资在他们身上，这样，只有他们成长起来时，你的公司才会一同成长发展。"

近些年已经不流行招聘看简历了。国内某大型公司苦于招不到人，手上的简历大多不符合公司标准。无奈之下，决定举办一次现场招聘，意外地发现，录用的人竟然很多都是先前筛简历过程中被 Pass 掉的人。这说明很多合适的人才都在筛选简历的时候被"误杀"了，这种看简历的方式看上去很专业，但其实最容易将人才拒之门外，因为有太多的人才可能连高中都没毕业，但是能力超强，无奈简历上不能撒谎，就被拒之门外了。

其实最适合企业的人才是最有用的，哪怕这个人才学历不高，只要他能在自己的岗位上做出优秀的成绩就够了。企业需要的并不一定是最优秀的，但应该是最适合企业的。那么什么人才是最适合企业的？想必这个问题是让很多企业家头疼的问题，因为职位越高产生的影响力越大，一个不合适就可能导致连锁反应，一家公司总不能因为"不合适"就天天换 CEO，所以在第一时间就聘请到最合适的人才是非常难的，我们来看一下通用公司和微软是怎么做的。

微软公司被看作是全球最吸引人才、最有利于人才发展、最留得住人才的公司之一。微软在公司内部最重视"内部推荐"，人才提升都是靠内部推荐来完成的，在重要岗位上很少从外部招聘，而是从内部推荐选拔。而当微软开发美国以外的市场时，微软公司宁愿用当地的人，而不愿从总公司派人。因为公司认为只有当地的人才了解当地的价值观和文化。

人才资源是如此重要，作为一个领导者就必须有择人艺术。为了避免眼光出现偏颇，企业更需要的是制定出人才的选择机制。正如《基业长青》中提到的，领导者应是一位优秀的时钟设计师，而不仅仅是报时者。企业领导者建立和完善一个公开、公平、公正的"择人"机制，让一匹匹千里马自己亮相也是非常重要的。

3. 把每个人放在合适的位置

企业家应当做到知人善任，对自己每一个下属的优缺点了如指掌，把每个人放到合适的位置上，才能真正做到人尽其用。卡耐基认为，要想掌握高超的用人之道，必先要做到知人善任。知人，就是要了解人。聪明的领导者在这方面的能力要远超常人，这是领导者必须掌握的素质。

善任，就是要善于用人，指的是对人要使用得当，充分考虑人才的具体特点，把他放到合适的岗位上。比如，有的擅长分析，有的擅长综合，有的擅长管理，有的善于交际等。特定类型的才能应与他的工作性质相适应。

松下幸之助当年提拔了一个叫作中尾哲二郎的人，本来中尾哲二郎不在他的工厂工作，松下幸之助是听到一个同行抱怨："我手下有一个叫作中尾哲二郎的家伙，天天发牢骚，看不上工作。"松下幸之助表示自己想要这样的员工，结果中尾哲二郎就在松下幸之助的手下发挥了惊人的能力。

优秀的领导者能够让手下的员工"职以能授"，给予他的职务应最能刺激他发挥自己的优势。这样，既不勉为其难，也不无可事事。扬其所能，其工作自然积极，管理效能也必然提高。

只有把员工的才能发挥出来，使其很好地满足岗位的要求，才称得上是成功的管理者。如果把擅长木工的人安排去砌墙，把擅长游泳的人安排去跳高，那么既得不到一个理想的结果，又会打击员工的积极性，还会影响到团队的士气。在一个团队里，只有每个人都把自己的工作做得"顺手"，获得成就感，整个团队才会有不断向上的正能量。

在人才的选择上，合适要比优秀更加重要，很多人才因为被放在了不恰当的位置，表现得极差被淘汰。著名的美国石油商人保罗·盖蒂有一次跟一个做老板的朋友聊天，朋友跟他说自己准备炒掉公司里三个非常欠揍的员工。这三个人分别是：总是喜欢没事找事鸡蛋里挑骨头的杰克；成天忧心忡忡担心公司会倒闭的约翰；偷懒成性总有说不完的废话的罗伯特。

盖蒂听后，笑着说："如果你真不想继续聘用他们的话，不如将他们给我。"朋友眼前一亮，认为这是辞掉三个人的最好机会，当即同意下来。第二天，三人真的到盖蒂的公司报到，盖蒂说："现在我给你们分配任务，杰克负责检查产品质量，约翰做生产安全和公司保卫工作，罗伯特到外面去搞商品宣传。"三人一听，兴冲冲地走马上任。不久，由于三人工作十分努力，工厂盈利直线上升。

布什总统当选后，便任命美籍华人赵小兰为劳工部长。赵小兰虽然没有劳工背景，但担任劳工部长 5 年来，政绩非常优异，除了解决多年来其他部长一直无法解决的白领员工加班费问题外，对提升美国全体劳工的素质做出重大贡献。而且在她任期内，全美没有发生过任何重大的劳资纠纷事件。此外，她每个月都回肯塔基老家，自己开车、买菜、逛百货店。她会碰到很多人，通过与他们交谈了解一般人民的生活情况，因此在政策的拟订上不会与人民生活脱节。

对于赵小兰的能力，布什十分欣赏，他并不以赵小兰是女性，是移民而有所歧视。相反，他不单重用这位有才干的女士，而且还与她建立起高度的互信，使这位亚裔女性成功地为他担当起美国劳工重任。可以说，布什挑选人着实有着精确的眼光，请合适的人站在合适的位置上，这样才能坐镇其位。

布什选用美籍华人做劳工部长可以说是一次任人唯贤的表现，而美国 20 世纪福克斯公司总经理史高勒斯，曾经遇到过这样一种情况：当年史高勒斯经营着一家大型电影院，经营状况很差，有一次他就突击检查电影院，跟谁都没打招呼，进去之后发现电影院空无一人，只有一个年轻人在值班。年轻职员表示影院负责人都"休假"了，平时就由他处理业务。史高勒斯非常生气，回去之后立刻就解雇了这些所谓的职业经理人，而让年轻职员担任了该影院的经理。

史高勒斯的举动看似草率，其实是很值得赞扬的，因为他解雇了那些不适合电影院的人才，而聘用了尽职尽责的年轻人。史高勒斯和布什都是优秀的领袖，他们懂得运用最适合的人才在最合适的岗位上，让人才最大化地发挥出自己的能力。

每个人才都有自己擅长的领域，把合适的人才放在合适的位置，才能使其绽放最大化的才能，企业家也会收到更大的效益。

4. 懂得包容，允许下面的人犯错误

史玉柱的魄力在于他从不掩饰错误，自己犯错就认错、改错，他鼓励下属去做事，犯错了不要紧，能及时改正就行。史玉柱说："用人，他可能是 70 分，我可能是 90 分，我授权的时候，我就要忍受这个 20 分的差距。我必须忍受，

我也能忍受。比如我前面说的保健酒，我看到就认为不行。这个做是能做，但是我总觉得，最后这块的利润对公司的贡献，比脑白金会小很多。虽然我觉得不行，但是决策权在他们。既然用人就要相信他们。"

用人不疑，疑人不用，给下属授权就要做好犯错的准备，波特定律指出总盯着下属的错误，是一个领导者的最大错误。稻盛和夫曾经这样说过："我们从来不因为失败而处罚员工。如果一个员工在某项计划中遭遇失败，我们还是会立刻给他另一项任务……虽然前一个计划失败了，但是那个员工还是从中学到不少，并可以凭借过去的经验再向前迈进。"

在很多时候，当下属犯了错误时，领导者都会严辞批评一番，有时甚至将员工骂得狗血淋头。在他们看来，似乎这样才会起到杀一儆百的作用，才能体现规章制度的严肃性，才能显示出领导管理者的威严。其实，有的时候过于关注员工的错误，尤其是一些非根本性错误的话，会大大挫伤员工的积极性和创造性，甚至产生对抗情绪，这样就会产生非常恶劣的效果。

小托马斯·沃森的父亲是 IBM 的创始人，小沃森担任了IBM 的第三任总裁，有一个关于小沃森的故事流传很广，是说 IBM 有个人犯了一个错误，造成了 1000 万美元的损失，他对老板小沃森说："我是不是该卷铺盖了？"小沃森说："你疯啦？我们刚刚为你交了 1000 万美元的学费，你想我们会让这么一大笔资产从公司流失掉吗?"

小沃森并没有辞退该员工,甚至并没有批评该员工,只是告诉他好好做事。小沃森很聪明,如果因为这个人造成了1000万美元的损失而辞退他,那么这个1000万美元就成为企业的成本,而且是没有任何收益的成本。但是小沃森没有这样做,他希望这个人能够从失败中吸取教训,为企业赢取更大的收益。

"水至清则无鱼,人至察则无徒",如果一旦下属出现错误就遭到领导的百般批评和惩罚,就会使下属非常难堪,此类事情多了,恐怕就没有人愿意继续在该领导手下干了,尽失人心。

通用电气的杰克·韦尔奇认为:管理者过于关注员工的错误,就不会有人勇于尝试。而没有人勇于尝试比犯错误还可怕,它使员工故步自封,拘泥于现有的一切,不敢有丝毫的突破和逾越。所以评价员工重点不在于其职业生涯中是否保持不犯错误的完美纪录,而在于是否勇于承担风险,并善于从错误中学习,获得更好的经验教训。

当下属犯错误之后遭到了严厉的批评和惩罚,就会下意识地去避免再犯,就会变得过于小心谨慎,甚至得过且过,一旦出现"不求有功只求无过"的情况,就说明管理是失败的。

在松下电器公司发展的早期阶段,有一次,分公司的一名员工在征得松下幸之助同意之后签订了一项销售业务合同，数目还很大。货是顺利地送出去了，但是对方却因为资金周转困难而不能马上付款。这名员工觉得对方的信誉一向不错，又是多年的合作伙伴。虽然这次不守信用，但也算是情有可原，就同意先交货。没有想到的是，这家公司的经营出现了问题，导致债务缠身，随时可能宣布破产，根本拿不出钱来还清欠款。该员工十分着急，他多次前去催款，但都无果而终。随着时间的推移，这笔大额货款收回来的希望已经变得越来越渺茫了。最后，这笔货款还是没有收回来。

在公司的年终会议上，这笔烂账被重点提了出来。因为数目大的关系，看起来这个员工所在的部门是无法盈亏平衡了。部门经理也无可奈何，只好如实地向松下幸之助做了汇报。大家都想着：这个年轻人这下可惨了，肯定要被松下幸之助狠狠地骂一顿了，或许还要被扣除奖金和工资！可出人意料的是，松下幸之助居然没有发作，也没有在会议上点名批评。

这下，公司员工们都纳闷了，最终，松下很认真地说："这笔业务，是我决定签下的。我作为领导者，对对方的经营情况了解得不够就做出了决策，出了问题就是我的责任。我对此觉得非常羞愧，已经反省过了。你说，我怎么还好意思去责怪那个只是执行者的年轻人呢？"

哈佛商学院诺华领导力与管理学教席教授埃米·埃德蒙森在《如何从失败中学习》中将错误分成三类：一是不确定性错误，主要是因为工作的复杂性，难免会出现失误。二是智慧性错误，此类错误是提供新的经验和教训，是应当允许和宽容，甚至是鼓励的。还有一种错误是可预防性错误。这一类是故意违反规定或者常见性疏忽大意导致错误，这种明知故犯、屡犯不改，给团体带来损失的错误，是要进行惩罚的。如果我们对这样的错误也宽容的话，那实际上是在纵容下属，让下属犯更大的错误。

5. 高薪是最能激发员工工作热情的

史玉柱从创业开始就注重用高薪奖励人才，在当年脑黄金疯狂销售后，史玉柱按照规定对完成任务的经理兑现奖金，其中江苏和浙江分公司的两名经理个人奖金累计近40万元，当时全国的其他企业可没有这么多的奖金。然而在集团会议上，财务发现有几个分公司存在回款作假的问题，表示奖金不能这么快就发出去。

摆在史玉柱面前有两条路，要么按照制度处理问题，要么继续树立榜样发奖金，史玉柱最终力排众议让财务把沉甸甸的奖金搬进表彰大会，全场掌声雷动。

这时史玉柱发话了，他说："能者多得，只要能为巨人做出贡献，不拒绝索取，我们要在巨人内部培养一批富翁。"在这段时间内，员工们受到了极大的感染，拼命地工作、加班，而史玉柱也不食言，动不动就发几千元的奖金，员工的热情更高了。

脑白金时期，员工们疯狂地工作、疯狂地加班，史玉柱经常会在员工加班的时候动不动就发上几千元的奖金，让人惊喜不已。史玉柱对于奖金看得清楚，他认为只要技术能力强，就不怕付出高额报酬。后来，做网游时，史玉柱将这套模式运用到了游戏团队中，他说："游戏团队的薪水我不管，由管理层定。工资是一事一议，开多少钱评估一下，值得就给，不受任何制度等级限制。"史玉柱坚持让自己的游戏开发人员拿行业最高工资，不让这些员工受一点委屈。

史玉柱说："当你给员工高薪时，表面上看仿佛增加了企业成本，实际不然。我这些年试过了各种方法，但最后发现，高薪是最能激发员工工作热情的，也是企业成本最低的一种方式。"

史玉柱是一个精明的商人，他懂得对人才的投资也是一种具有高回报的风险投资，投入多，回报也多；投入少，回报也少。高薪投入可以让人才心甘情愿地为公司效力，同时也能让人才的工作热情高涨，并且还能吸引优秀人才加盟，使企业发展永远不缺人才。这是一些总是想着给员工低薪水的公司意识不到的，这样的公司甚至连员工都招不进来。

美国哈佛大学研究表示，在缺乏有效、科学的激励下，人的潜能只能发挥20%左右，所以建立一个行之有效的激励体系对于企业家来说是非常重要的。薪酬对于员工极为重要，它是员工的一种谋生手段，同时，也能满足员工的价值感。当一个人总是处于较低的岗位工资时，大部分情况下会出现浑浑噩噩混日子，或者跳槽另谋高就，这于企业是不利的。

有记者曾经问过史玉柱，《征途》在线超过百万，针对这个成绩你制定什么样的员工奖励政策？史玉柱的回答是："我们每个季度或者每个项目都定了奖罚措施，只要取得大的成就我们内部一定会有一次发奖金的过程，该奖一定奖，奖罚分明。所以你刚才说《征途》到152万，一定会有奖金，不但有奖金，我还会请他们喝一顿。如果没有达到具体的目标该罚也会罚，这就是我们管理的基本原则。所以我们的员工整体的待遇还是非常好的。"

杰克·韦尔奇说，工资最高的时候成本最低。以最起码的加班费为例，很多公司加班没有加班费，员工们敢怒不敢言，换个角度想想，公司确实省下了一笔加班费的开销，但是员工加班没有热情，白白磨洋工一样是效率低下，加班毫无意义，反倒是增加了公司的成本。控制成本是企业的重要项目，但从员工上入手不是长久之计。最早用高工资节省成本的是福特汽车，当时美国工人平均工资为每日二至三美元，面对"招工难"，福特汽车公司反其道而行之，实施了每日五美元工资制。结果就是福特汽车迎来大量人才，其汽车产量、销量不断翻番。

一位创业者正处于创业阶段，他发布招聘信息，给出的工资略低于行业平均水平，结果招聘就很不顺利，有一些高才生嫌工资低不在这里干，学历低一点的还需要几个月的时间来培养，关键岗位人才的缺失让公司连续损失了几个大合同，浪费了时间成本，得不偿失。这是很多没有远见的公司的通病。

2015 年年末重回巨人的史玉柱，除了大刀阔斧地改革外，就是给研发人员涨工资，平均涨幅达到 50%，史玉柱甚至说："公司唯一的出路是研发出精品手游。谁研发出精品，公司就给该项目责任人发奖金发股票，使你身价过亿。如果公司奖励没过亿，我个人给你补齐。"这足以体现史玉柱的管理风格，他向来不吝于对员工节省成本，他甚至会有些"土豪"地砸钱，他知道千金易得人才难求的道理，花大钱留住人才、吸引人才，其成本要远远小于"小气"公司因为发微薄的薪水造成的人员流失。

6. 赏罚分明，评十佳也评十差

史玉柱说："我觉得我的公司有一个好处：什么东西都放在桌面上。比如，我们公司每年评先进，只要评先进，我一定也评落后。我们每年评'十佳'分公司，市一级的'十佳'分公司。只要有'十佳'就一定有'十差'。'十佳'

上去领红旗、发表演讲，很得意，还发奖金。那个'十差'，他也上去，拿个黄旗，也要发表领黄旗感言，然后现场交一点罚款，10元钱。这种文化大家也都习惯了。"史玉柱在巨人内部大力推行这种赏罚分明的文化，他对员工的工资不设上限，只要有能力，工资不受职位限制，而这一次巨人上市，更是一举造就了21位亿万富翁和186位千万、百万富翁。罚则铁面无私，曾经有两个他费尽心机从盛大挖来的技术精英，因为外出旅游未能及时赶回来处理一起紧急事件，而被史玉柱直接开除。

《孙子兵法》开篇就讲："主孰有道？将孰有能？天地孰得？法令孰行？兵众孰强？士卒孰练？赏罚孰明？吾以此知胜负矣。"其中就着重提到赏罚是否分明是一支军队是否有战斗力的重要因素。一个能做到赏罚分明的管理者使员工内心有公平感，才能达到更好的激励的目的，各社会组织管理层应把对员工公平感的关注融于日常的工作中，从大处着眼，从细处入手，以提高员工的工作热情和积极性。管理人员要做到办事公正，赏罚分明，即把一碗水端平，适时、适当奖赏，适度惩罚，掌握赏罚的艺术性，才能真正做到赏罚公平，才能更出色地打造你的企业和团队。

古希腊哲学家亚里士多德说过："公正是赏罚分明者的美德。"赏与罚的目的，都是为了调动人的积极性，提高员工的工作效率。奖赏是件好事，惩罚也很必要，对有功劳员工的奖赏和对犯了错误员工的惩罚是理所当然的，不能有半点儿的迟疑与含糊。赏罚的关键在于赏罚分明与赏罚公正，否则赏罚就会失去应有的效力，也就谈不上领导者的权威。

企业家只有做到功必赏，过必罚，不偏不倚，激励与约束并存，才能使自身具有号召力，才能使企业有生机和活力。也只有做到赏罚分明，才能让员工在企业中感受到公平、公正，从而从心理上激发其内在的工作热情，使员工有努力奋斗的不竭动力。

曾担任广州白云山制药厂厂长5年的贝兆汉，在谈及成功的经验时，他说："只团结人，理解人，还不足以治厂；还必须严肃纪律，奖罚分明。所以到了该严肃的时候，我是认真的。"贝兆汉以赏罚分明的严格管理为企业带来新生和活力，企业开始起死回生。这种管理上赏罚分明的态度正是现在企业管理者需要学习和借鉴的。

一个团队内最重要的就是公平，企业家不公平公正难以服人，奖惩有偏颇，势必会造成下属间的不平衡，引发抱怨连连。一般主管最常犯的错误，便是以事件的结果来论定是非，表面上看似相当公平，实际上却在部属心中留下不满，产生积怨。

关于赏罚分明要注意三个方面：第一，有过必有罚。一个团体必须讲究纪律，不能因这个人平时对我好或者是亲朋好友，有过就不惩罚，如此很容易引起别人的反感。正如三国故事里马谡擅自行动导致败北，尽管欣赏马谡才气，诸葛亮也不得不挥泪斩马谡。

第二，有功必有赏。下属有功劳而不奖赏，他会产生不服气的心理，以后就不肯立功，甚至造成上下离心离德，难以领导。有功必赏，可以激励工作态度，也能融洽上下关系，激励下属继续前进。

第三，双管齐下。赏与罚双管齐下，下属取得成绩，及时给予肯定，不吝啬表扬；下属犯了错误，给予指正，"罚"的目的在于让下属不再犯同样的错误，向全体员工表明我们的纪律严明，奖罚公正，才能让大家心服口服。

真正的赏罚分明能够严明纪律，既能防止某些功臣居功自傲，又能维护其他人的利益，真正纪律严明的团队才会被全体成员尊重。

7. 对中高层经理要充分授权

史玉柱很讲究给下属充分授权："干部、员工在你的公司做，他觉得还有舞台，不是事事都要向上面汇报，自己有权可以在他的范围内做出一些决策，做一些拍板，如果成功了他有成就感，如果失败了他会吸取教训，这对他本身的锻炼也是有帮助的。"

史玉柱说："真正的巨人干部没有出来说过对巨人不利的话，这与这些干部得到充分授权有相当关系。充分授权不仅是为了这一点，公司工作效率也会提高，一个企业在人数不变的情况下，做出的贡献更高。过去我们管全国市场，月销售额在三四千万的时候，总部有 300 多人从事管理。现在一年有十多亿的销售额，我们总部真正实行管理的全部人员只有十几个，但是管得也非常好，每个人他都有权力。一个人干几个人的活，他又有权力，又拿两个人工资，所以他也开心，效率又高。"

现在摆在很多企业家面前的难题是：不会授权，不敢授权，不愿授权。沃尔玛创始人山姆·沃尔顿说过："一名优秀的经理，最重要的一点就是懂得授权和放权。"能否给予员工充分信任，鼓励他们自由发展是衡量优秀企业家的一个重要标准。优秀的领导者乐于并且善于将权力分配给自己的下属，他们需要做的只是为部下创造一个施展才华的舞台。有些领导者却恰恰相反，视权力如自己的生命，把下属当作"木偶"，永远都要听自己指挥，这是不行的。

聪明的老板善于抓住要点（纲领和战略），而愚笨的老板却喜欢（事无巨细一齐抓）事事都管周详。会授权的企业家才有足够的时间思考战略，同时也能培养出一批得力手下。

美国投资大师乔治·索罗斯是一个典型的对部下"放任自由"的人，公司的很多事情都交给员工去打理。索罗斯甚至鼓励员工"先斩后奏"，他告诉员工很多事情不用跟他汇报，自己拿主意就好，否则会错失掉很多时机。索罗斯之所以如此做，是因为他曾定下规矩"任何文件都要亲自过目"，所以办公室里的文件堆积如山，根本看不过来，极大地降低了效率。索罗斯这才分权给自己的部下，索罗斯的办公室再也见不到文件堆积的现象了。有的时候，索罗斯还自我解嘲道："这帮家伙现在都把我放在一边，不再理我了。"正是因为索罗斯敢于授权，鼓励下属承担重要任务，他才可以把更多的时间放在思考上面。

通过有效授权与激励，优秀的领导者得以用简约的、低成本的方法让员工自动自发、创造性地工作。授权就是复制自己，就是让别人为你工作，是放大自己时间的杠杆，是决定一个领导者能力高低的标志。

授权并不是意味着对员工不闻不问，任其"胡作非为"，而是让员工主动承担起属于自己的责任。如果不为员工创造机会，他们就永远不会成长，也理所当然地适应不了现代社会的激烈竞争。这对于员工是极其不负责任的，更重要的是还会埋下祸乱的危机。领导者要鼓励员工在自己的权力范围内充分发挥自主性和灵活性，不需要事事征求高层的意见。领导者只需要在员工偏离方向的时候，提醒员工，让他们及时回到正常轨道上来。

每一个企业家都应该对自己的员工充满信心，相信他们的实力，只有这样才能建立一个强大的团队。俗话说："三个臭皮匠胜过一个诸葛亮。"无论公司的领导者能力有多强，也不可能凭自己的力量做完所有的事情。所以，企业家要合理放权给自己的中层干部，既减轻了自己的压力，又锻炼了下属们的能力，是非常合理的一举两得的做法。

8. 让开宝马的员工有干劲

2008 年经济危机期间，巨人网络发展乏力的症状浮出水面。对史玉柱来说，这是一种别扭的状态：账上有 50 亿资金，企业税后利润超过 10 亿，《征途》进入瓶颈，《巨人》未达预期，增长放缓。

巨人上市之前，公司除了史玉柱，员工基本上都以工资为主要收入，上市之后，一下子出现许多百万，甚至千万富翁。虽然不存在必然的因果关系，但史玉柱认为这些"住着别墅，开着宝马上班"的研发人员，不像以前那么拼命了，整个研发团队的创业激情正在消失。于是史玉柱适时地提出"让开宝马的员工有干劲"，他强调："我们不排除会让我们的员工去发财，有钱是你家里的事，你家里买什么我们不管，但是一旦进入公司里面一定要艰苦，一定要奋斗。如果把富裕生活的那套东西带到公司里来，这个公司也会被影响到。"

随后，史玉柱把巨人每个项目独立成立一个新公司进行工商注册。在每个新公司中，集团投资 51%，研发人员投资 49%，每个项目独立核算，又一次将研发人员抛入"没有安全感"的境地之中。不过，一个项目如果成功了，研发人员可以从49%的股份中分红。一旦出现如《征途》一样的大作，这个独立的小公司甚至可以选择上市。

从集团角度来说，本来不这么做，也需要大笔投资，投资之后亏了，对集团而言是100%的损失。实行该制度后，损失减少到51%，同样研发一个项目，集团投入的总费用基本上减少一半，总体投入效率比以前提高了。

史玉柱担心的是员工们有钱之后变得浮躁，他说："人一旦大手大脚就浮了，人不艰苦的话他的战斗力就不够。解放战争时期，国民党的国防指挥部有漂亮的大楼，共产党却是山顶的房屋。一个企业即使效益再好，艰苦奋斗还是要强调的，如果不强调这一条，这个企业的战斗力就会削弱。"

让员工保持简朴的工作作风，任何时候都不能浮夸。比尔·盖茨曾经坦言微软的成功是和微软所有员工的辛勤努力分不开的。在公司的创立初期，微软的大部分员工每天除了有几小时时间供睡眠和吃饭外，他们都把所有时间放在了软件上，他们要比别人付出更大的努力，要工作得更晚，工作得更艰苦，要与任何不可能进行挑战。

无论在什么年代，各种各样的组织，不论是军队，还是企业，抑或是别的组织，要取得成功，都需要发扬艰苦奋斗的作风。对企业来说，发展历程中存在创业艰难问题。创业使企业成长，企业发展是创业的结果。所以，艰苦奋斗精神一刻也不能丢。艰苦奋斗作为一种作风和传统应是企业精神的重要组成部分。正如任正非所说："长期艰苦奋斗的文化是不会变化的。这不是中国特色，这是人类特色。第一，你要成功，就要奋斗。第二，你要想吃饭，就得要做工，没人为你做马做牛。凭什么你享乐的时候，让我们挣钱养活你啊。"

这种艰苦奋斗的作风在企业初创时有很强的凝聚力，但是在企业"有钱"之后，战斗力往往会急剧下降，凝聚力分散。这是很多企业家要面对的事情，当员工开得起"宝马"了，他还会认真努力工作吗？

给予员工高工资是为了奖励他做出的突出贡献，然而的确可能出现员工拿着高福利就此懈怠的可能。面对这种情况，史玉柱的办法是在企业内部提前建立好艰苦奋斗的文化，同时分权给中层干部，也就意味着分责任给下属们，做得好会有高奖励，做得不好就要自觉承担后果，这样无论员工开的是什么车，他在公司里就必须保持艰苦奋斗的作风。

员工吃苦耐劳的精神带给企业的是业绩的提升和利润的增长，带给自己的是宝贵的知识、技能、经验，还有财富。人生中任何一种成功都不是唾手可得的，不能吃苦，不肯吃苦，是不可能获得任何成功的。企业的管理者在培训和引导员工的时候，在打造自己的团队的时候，不应该忘记，能吃苦耐劳、艰苦奋斗是优秀的队伍所必须具备的一个重要素养。

9. 强化员工的归属感

2015 年 10 月，上海松江区的"巨人家园"终于完工，不少人赞叹过这块庞大的园区，空间疏朗、开阔临水，其中甚至有各类生活休闲设施，如堪称星级的影院、酒吧、桑拿、体育馆、游泳馆和健身室等。巨人内部将这里叫作"巨人家园"，或者"孵空间"。巨人网络副总裁汤敏说，这是寄予温暖和谐、孵化创新的意思，其间巨大的蛋形柱子传递出孕育的隐喻。

有意思的是，这所园区的建设投资并非出自巨人网络上市公司，而是由史玉柱自掏腰包。很早以前史玉柱就动了在上海自建基地的念头。几经辗转后，他选择了能提供足够大面积土地的松江。原先这片园区是为脑白金团队准备的，2006 年巨人网络异军突起，松江位于上海郊区，更适合要求清净的研发团队，所以就让给了巨人。

史玉柱还请来建筑业大师汤姆·梅恩进行设计，相关园区的规划至今尚未全面完工，目前已投入了 7 亿多元。史玉柱希望他的员工们在这里得以发展事业、成家立业。史玉柱自己说："我是'坏人'，但我爱护员工。"

员工对企业的归属感成分很复杂，每个人需要的归属感都不一样。归属感说白了就是一种认同，员工认可你的企业的方向，这就是归属感，或者员工认可你手下这些关系要好的同事，这也是归属感。当然归属感也是可以培养的，像史玉柱这样斥巨资建"巨人家园"为的就是让员工们找到自己的归属感，一看到这座建筑，就能想到自己每天在里面上班的情景。用更通俗一点的说法就是归属感就让人觉得好像家一样亲切。

归属感的形成是一个非常复杂的过程，但一旦形成后，将会使员工内心产生自我约束力和强烈的责任感，调动员工自身的内部驱动力而形成自我激励，就好像没人会不爱护自己的家一样，对公司产生归属感的员工也会不用监督地努力工作，逐渐地真正爱上自己的行业，每一个员工都有归属感的话，那公司就可能会有大作为。

俗话说："良禽择木而栖，贤臣择主而事。"企业里人员流动是很正常的事情，一般企业人才流动率高达10%～15%，但是阿里巴巴跳槽率一直能控制在3.3%，原因就是阿里巴巴带给员工们的归属感。阿里巴巴人事部经理陈莉说："阿里巴巴每年至少要把五分之一的精力和财力用在改善办公环境和员工培养上。"阿里巴巴并不只是让员工在工作上有作为，更多的是一种价值观和文化的传播。马云说："整个文化形成的时候，人就很难被挖走了。这就像在一个空气很新鲜的土地上生存的人，你突然把他放在一个污浊的空气里面，工资再高，他过两天还会跑回来。"马云就是这样自信，当这些员工以自己是一个"阿里人"而自豪的时候，也确实是谁也挖不走的。用马云的话来说，阿里巴巴的空气是要比其他公司的"纯净"，这样的环境才能够让员工有归属感、才挖不走。

聪明的企业家会让下属知道公司是如何运作的，让下属了解公司的历史可以帮助他们建立更多的自豪感和归属感，让员工觉得自己是企业的主人。首先在薪资待遇上面要足够。衣食住行是人生存最基本的需要，买房、买车、购置日常物品、休闲等都需要金钱，这都要员工们用工资去买。不过收入只是最基本的保障，要想建立有归属感的团队还要做得更多。如建立良好的上升体系，让真正努力的员工得到公平上升的机会，

每个人都会考虑自己在企业中的位置与价值，更注重自己未来价值的提升和发展。企业如果能够帮助员工实现自己在工作价值上的目标，将会赢得员工的好感。让员工参与到工作讨论中，会让他们感到被尊重、感到自身的价值，这也能够提高员工的归属感。

员工有了归属感，才能最大限度地发挥他们的潜能，员工才会把公司当成自己的家一样看待。优厚的薪酬福利可以效仿，大部分企业都能做到。但企业文化是一个企业的经营灵魂，是一个企业所表现的风格、习惯、行为准则、企业价值观和企业精神，它是企业持续发展的动力源泉。企业文化是不可复制的，这要靠企业领导者亲自奠定基调。企业文化能在一定程度上影响员工的行为。在马斯洛的"需求层次"

金字塔中，"自我实现"是人的最高需求，当这种满足得以实现时，此时企业再辅以奖励措施，那么员工将获得无限的激励，对企业产生更加强烈的荣誉感和自豪感，从而增强归属感。

10. 退休，"把舞台让给年轻人"

2013 年，史玉柱辞去巨人 CEO 职务，史玉柱于 2004 年 11 月创立巨人网络，2007 年 5 月《征途》同时在线突破 100 万，成为当时继《魔兽世界》和《梦幻西游》之后全球第三款百万在线网游。2007 年 11 月 1 日，巨人网络登陆纽交所，创造了 21 个亿万级、186 个千万级和百万级的员工富翁，上市首日市值达 45 亿美元。史玉柱带领下的巨人网络创造了辉煌的成绩，但是近几年在游戏行业内的竞争中逊于腾讯和网易。

谈及为什么辞任 CEO，史玉柱开玩笑地表示"互联网不是叔辈玩的"，他说："自己年龄大了，还主观，老认为自己是对的，要按照自己的思路做，那一做就做砸了，到一定年龄一定要把位置让出来，否则对公司发展不利，因为互联网需要活力。"

史玉柱还拿出了"证据"证明自己确实年纪大了，他说："我主政巨人网络的时候，业绩上蹿下跳，这说明我的思维有问题。自己退到二线，在旁边看，让管理层冲到一线，他们明显做得比我好，连续 12 个季度的业绩都在增长。"

史玉柱举例说，比如游戏研发过程中的规则设定，当玩家批评巨人的游戏收钱太黑时，他一度取消了部分收费设定，但这样一来却伤害了很多花钱的玩家，"这些人民币玩家受到了伤害，他们一走，巨人的收入就跌下去了"。

史玉柱说，年轻人对互联网理解得更深刻，以刘伟为总裁的年轻人管理层很好地处理了巨人游戏中人民币玩家和非人民币玩家的平衡，"极左不行，极右也不行，他们采用了双方都能接受的方式，不像我经常感情用事"。在研发《征途2》的时候，发生过这样一件事，当时史玉柱跟巨人网络副总裁纪学锋起了分歧，双方一时争执不下，气得史玉柱把手机都摔在地上了。史玉柱说："我要求他们改了几件东西，最后发现我都是不对的。"由于在《征途2》研发过程中的前车之鉴，他在巨人网络的游戏《仙侠世界》的研发过程中就没有再自作主张了。

或许这是史玉柱退休的真实原因，真的感叹自己"老了"，不懂年轻人了，不懂现在的网游流行什么了。史玉柱贵有自知之明，与其不适应节奏硬撑，不如早点退休，把位置让给更加有精力有想法的年轻人，这是非常好的选择。

对于退休后的生活，史玉柱表示自己将进入"屌丝"状态，一是低调少出门，二是做自己想做的事情，如公益慈善方面，并将互联网的舞台留给年轻人，让他们来表演和创造新的世界。史玉柱给自己的微博起名叫"史玉柱大闲人"，每天的生活似乎变成了"吃喝玩乐"，史玉柱开始行走于世界各地，从雅加达到巴黎到韩国再到厦门，在微博里分享着他的旅游见闻，悠然自得。他的微博里还有这么一段："抱着庄主送的两瓶好酒，一溜烟跑回住处。拿出珍藏的榨菜，吹了一瓶红酒。爽啊！我决定以后常住波尔多了，每天吹吹红酒、玩玩网络游戏，看看金发女郎、遛遛大狼狗。"

功成名就之后退休是很多企业家的做法，世界首富比尔·盖茨就是如此。2008 年，比尔·盖茨正式卸下微软董事长职务。比尔·盖茨建立了基金会，他奔走于世界各地，他去非洲，带去药品和粮食；他去菲律宾，带去最新的水稻技术……他在世界各地都留下了自己的足迹。比尔·盖茨表示微软现在不需要他，他继续执掌反而是拖累微软，而他更喜欢用自己的影响力和财富为全世界需要帮助的人做贡献，这是他做慈善公益的原因。有调查显示，比尔·盖茨让 600 万人免于丧生，因此，比尔·盖茨赢得了全世界的尊重。

2013 年，马云也宣布辞任阿里巴巴 CEO 职务，马云说："关于退休我想了 9 年，计划了 6 年，实施了 3 年……我觉得 48 岁以前我的工作是我的生活，48 岁以后我希望我的生活是我的工作。"当然，与史玉柱一样，马云和史玉柱不是真的"退休",他们是辞任 CEO 职务,仍保留董事长席位。他们一方面的确需要休息,同时也需要更多精力来拓展新的领域。自己成立的集团已经进入成熟稳定的发展模式中,新上任的 CEO 往往都有真才实干,所以史玉柱和马云才会宣布退休,把公司的实际业务交给年轻人,自己则把握更深层次的战略问题。

半退休的史玉柱,在 2015 年年末通过巨人大会宣布重回 CEO 之位,并进行了大刀阔斧的改革,史玉柱在过了两年多的悠闲生活后,依旧是闲不下来,势必要携巨人再次掀起一阵"腥风血雨",或许,知天命之年的史玉柱还可以像以前一样创造奇迹,这需要我们耐心等待。